AVANT-PROPOS.

L E petit ouvrage qu'on va lire, fut fait, dans la première jeunesse, entre deux amis; il n'étoit point destiné au public. S'il valoit la peine d'être retouché, on en supprimeroit un tiers, et les deux autres seroient changés presqu'entièrement. On peut le comparer à une armée surchargée de bagages, qui, au milieu d'une abondance superflue, manque souvent du nécessaire. On le donne ici, tel qu'il fu

A 2

écrit en l'an 4, sans en ôter les incorrections, la familiarité du style, et les longueurs qu'on peut lui reprocher à bon droit. Il semble qu'on ne demande pas aux muses une parure recherchée, lorsqu'elles s'abandonnent à toute la liberté de l'amitié. Elles sont alors sans coquetterie et sans prétention. On doit sur-tout leur pardonner un extérieur un peu négligé, lorsqu'elles se présentent en habit de voyage. — Nous n'aspirons point au titre flatteur d'hommes de lettres. On n'est point auteur

VOYAGE

AU

MONT PILA,

SUR

LES BORDS DU LIGNON,

Et dans une partie de la ci-devant Bourgogne.

Beatus ille qui procul negotiis . . . . .
Forumque vitat et superba, civium
Potentiorum, limina. HOR.

OUVRAGE écrit au commencement de l'an IV, suivi de quelques Lettres sur l'Italie, et autres Pièces détachées.

Jean Henry Maynaud

manque souvent du

On le

Chez DESENNE, Libraire, Palais-

n°. 2.

À PARIS,

Chez Deterville, Libraire, Palais-Égalité,

n° 4.

pour avoir composé une baga-
telle de société. C'est à ce titre
que nous réclamons un peu
d'indulgence.

Toutes ces pièces, de peu d'é-
tendue, nommées souvent, très-
improprement, *Poësies légères*,
ressemblent à ces fleurs stériles,
qui ne sont d'aucun avantage
à la Société : mais la vue s'y repose ; elles délassent un instant
le sage , et en obtiennent un
sourire. Ce n'est que dans la
jeunesse qu'il est permis de je-
ter quelques fleurs sur ses occupations , et de faire des choses

Contraste insuffisant

NF Z 43-120-14

inutiles. Il faut des fruits et des
ouvrages plus solides dans l'âge
suivant. On a d'autres devoirs
à remplir. Des occupations plus
sérieuses, des études plus utiles
nous ont fait oublier ces ébau-
ches dans l'état d'imperfection
où elles étoient nées.

VOYAGE

AU

MONT PILA,

SUR

LES BORDS DU LIGNON,

Et dans une partie de la ci-devant Bourgogne.

Aux Généraux DUPONT *et*

CHAUMONT.

C'EST à vous qu'ils sont destinés,
Ces vers d'une muse volage,
Sans soins, sans effort crayonnés,
Dans les loisirs d'un court voyage :
A vous, les élèves de Mars,
D'*Uranie* et de la victoire ;
Vous qui brillez au directoire,
Dans les camps avec les hussards ;
Dans la carrière des beaux-arts,
Et dans les sentiers de la gloire.

A 4.

Après mille nobles hasards
Affrontés vers la *Westphalie*,
Laissez *Lille*, laissez *Famars*;
Venez au bosquet d'*Idalie*;
Les bals, les amours et les ris,
Vous attendent avec l'automne,
Enfans et disciples chéris
D'Athène et de Lacédémone;
Venez vous montrer à Paris,
Ornés d'une double couronne,
Sous la bannière de Cypris,
Et sous l'étendard de Bellone.

Citoyen du sacré vallon,
Et très-cher frère en Apollon,
Vous recevrez par ce message,
Ces vers si long-tems annoncés;
Ces vers d'une muse volage,
C'est à vous qu'ils sont adressés.

Le jeune ami qui m'a accompagné
dans ce voyage, et que vous connois-
sez, a orné ces récits de tout le goût
que vous pourrez y trouver.

Il y répand les agrémens
De sa verve tendre et facile ,
Comme on voit dans un champ stérile ,
La main féconde du printems ,
Parsemer de lys éclatans ,
Le sein d'un buisson inutile.
Ses vers, qu'un instant de loisirs ,
Sans art., sans gêne , et sans culture ,
Fit naître à l'ombre des plaisirs ,
Sont simples comme la nature ;
Comme l'amour ils vont tous nus.
Enfans de la douce paresse ,
Ils seront , je crois , bien reçus ,
S'ils arrivent à leur adresse.

Je regrette les éloges , peu mérités ,
que me donne ici mon ami ; éloges qui
lui conviennent mieux qu'à moi , ou
plutôt qui ne conviennent ni à l'un ni
à l'autre. Vous allez nous taxer de té-
mérité , d'oser vous écrire en vers.
Mais vous vous amuserez , peut-être ,
de ce qui nous a amusé nous-mêmes.
Nous n'avons point eu la prétenfion

de suivre les traces de *Chapelle*. Il
eût été trop dangereux de lutter avec
ce maître habile, à qui la gaieté et le
vin, ont inspiré tant de beaux traits.

Hélas ! que nous ressemblons peu
A ce libertin adorable ;
Ce *Chapelle* qui fut le Dieu
Des jolis vers et de la table ;
Qui perdit son argent au jeu,
Et sa santé dans certain lieu,
A ce jeu cent fois plus aimable,
Où brilla long-tems *Richelieu.*
Tour à tour, fol et raisonnable,
Il ne chanta, dans ses beaux jours,
Que le muscat et la *Tocane*,
Sur le luth badin des amours.
Sa muse étoit un peu profane,
Et ce jus charmant qui nous damne,
Au cabaret, presque toujours,
Lui fit perdre la *tramontane.*

Ce n'est point en cela, précisément,
que nous le proposons comme un

exemple à suivre ; mais nous le regardons, avec vous, comme un parfait modèle de cette imagination brillante, de cette heureuse facilité, de ces grâces négligées et piquantes, qui sont bien au-dessus de l'art.

Beaucoup plus sobre, et moins habile,
Chaque jour je lis, je relis,
Enflammé d'une ardeur stérile,
Les écrits, les charmans écrits,
Des *Tibulles* et des *Parnys*;
Du plus aimable badinage,
Ces modèles ingénieux !
Je ne conserve à chaque page,
Qu'un souvenir délicieux,
Qui m'enchante et me décourage.
Clio, prête-moi le langage
De ces chantres aimés des Dieux;
Prête-moi ces sons gracieux,
Et ces accords voluptueux,
Que leur main, brillante et volage,
Tiroit d'un luth mélodieux,
Dans le doux printems de leur âge !

A 6

Vénus qui dicta leur ouvrage ,
Leur prodiguoit tous ses atours ;
Leur muse a chanté les amours ,
Les amours voloient sur leurs traces ;
A Gnide , on entend tous les jours ,
Leurs vers récités par les grâces.

C'est vous encore que nous vou-
drions prendre pour modèle ; vous qui
avez combattu comme *Ossian* , et
qui avez fait entendre parmi nous ses
chants belliqueux ; vous qui savez imi-
ter, tour à tour , *Horace* , *Tyrtée*
et *Pindare* , vos maîtres et vos confrères ; et qui suivez *Polybe, Tacite,*
et le chevalier de *Folard* , dans les
routes de la politique ou de l'histoire ;
vous qui êtes occupé à diriger les opé-
rations de la campagne , comme on
fait une partie d'échecs, et qui , par
des conceptions hardies et savantes ,
préparez , dans le silence du cabi-

net , le triomphe de nos armées (1).

Vous nous demandez un récit dé-

---

(1) Le général Dupont a su cultiver les belles-
lettres et la poësie , au milieu des exercices mi-
litaires et du bruit des camps. On retrouve dans
ses odes , le feu de *Malherbe* , la richesse et la
pompe de *Pindare*. Il a chanté la *Victoire* , la *Liberté* , la *Conquête de l'Egypte* , etc. Ses vers respirent l'enthousiasme , le génie , et l'amour de
la gloire. Je me contenterai d'en citer quelques-
uns pris au hasard. Il faudroit tout citer.

Voici le début de l'ode à la Victoire :

« *Ossian* , tu n'es plus ! Veuve de son génie ,
» Harpe d'Ullin , jadis , reine de l'harmonie ,
   » Tu reposes sans voix !
» Ton sein mélodieux , agité de son ame ,
» Ne modulera plus ces accords , dont la flamme
   » S'exhaloit sous ses doigts ».

Ce début est noble. Il a quelque chose de grand
et de mystérieux , qui prépare l'attention au sujet qu'on va traiter.

Il termine une autre de ses odes , par cette
strophe qui brille d'une heureuse simplicité.

« Et toi qui m'as dicté ces accens prophétiques ,

taillé de notre voyage ; vous serez
obéis. — Nous profitâmes, pour nous

» Muse , pour prix du sang que ces tems hé-
  » roïques ,
» M'ont vu mêler , moi-même au sang de nos
  » guerriers ;
» Puissé-je , sur ma lyre , attentive à leur gloire ,
  » Léguer à la mémoire ,
» Leurs vertus et mes chants , mon nom et leurs
  » lauriers !

Rien n'est plus élevé que ces beaux vers , mis
dans la bouche des destins. Ils conviennent aux
étonnans succès de la France.

» Le Français se réveille au bruit de ses revers.
» A son vaste avenir , qu'importe un jour d'a-
  » larmes !
» Sa cause est immortelle , et j'ai dit à ses armes ,
  » Régnez sur l'univers ! »

Ce jeune poëte a quelquefois fait contraster
ces grands tableaux avec des objets plus légers et
plus doux. Dans son ode sur l'expédition d'O-
rient , après avoir décrit , en termes poëtiques ,
les fortifications et l'artillerie qui hérissent les ri-

mettre en route, des derniers jours du printems. Nous partîmes, à cheval, accompagné d'un domestique. La belle saison nous invitoit à choisir cette manière de voyager.

---

cette forteresse, si célèbre par le courage de ses vages de Malte, il se rappelle, tout-à-coup, que chevaliers, et le siége de *Soliman*, fut l'ancienne île d'*Ogygie*, séjour fortuné de la nymphe *Calypso*. — Sur-le-champ, *Ulysse* et *Télémaque* se présentent à sa mémoire. Le souvenir de leurs amours, et les noms de ces héros, qui ont percé la nuit des siècles, s'unissent à celui de Bonaparte.

   « O souvenirs ! sur ce rivage,
   » Régna jadis la déité,
   » Qui, dans son immortel veuvage,
   » Pleuroit son immortalité.
   » Voici les bords où Télémaque,
   » Infidelle à l'amour d'Ithaque,
   » A brûlé des feux d'Eucharis.
   » C'est là qu'une déesse austère (1),
   » Trompa la flèche téméraire,
   » Du fils courroucé de Cypris.

---

(1) Minerve sous la figure de Mentor.

On fait d'abord quelques lieues sur un terrain pierreux et aride, qui se rencontre par-tout, en traversant le Dauphiné d'*Orange* à *Lyon*. Mais, arrivés auprès de Vienne, sur une hauteur en forme d'amphithéâtre, une scène, tout à-la-fois simple et ravissante, s'offrit à nos yeux. Le côteau sur lequel nous étions alors, est situé parallèlement à une chaîne de montagnes qui borde le Lyonnais. Ces deux élévations forment, dans leur intervalle, un bassin profond de mille toises de diamètre. Au milieu de cette vallée, coule majestueusement le Rhône, qui, à droite et à gauche de son cours, laisse un rivage de peu d'étendue. Au pied des montagnes du Lyonnois, dans les environs de *Condrieux*, l'on aperçoit d'abord le village d'*Ampuis*, dont chaque maison est ombragée par un grand nombre d'arbres fruitiers. Le blé n'est qu'un accessoire, dans la culture de ce pays. Sa situation abritée par les hauteurs voisines, rend son climat un des plus doux et des plus tempérés de notre latitude. Les petits pois, les asperges, les choux-fleurs, les pêches, les abricots, et tous les fruits y mûrissent en pleine terre, et y sont aussi précoces que dans la chaude Provence. Ces primeurs font les délices de *Vienne* et de *Lyon*. Ses vignobles, situés sur le penchant de la montagne, produisent les vins renommés de *Côte-Rôtie*. A la vue de ce paysage, nous nous arrêtâmes quelques instans, dans le silence de l'admiration. L'un de nous le rompit, en s'écriant :

Je vous salue, ô lieux chéris
Des vrais disciples d'Epicure !
Aimables lieux que la nature,
Eût dû placer près de Paris.

Tous nos fins gourmets de province ;
Nos chanoines et nos buveurs ,
Ne céderoient pas pour un prince ,
Vos vins légers et vos primeurs !
L'hiver dépouille ses rigueurs ,
Dont Pomone étoit alarmée ;
Déjà la fraise parfumée ,
A rougi le bord des vallons ;
Les fruits devancent les saisons ,
Sur votre terre fortunée ,
Qui voit éclore chaque année ,
En dépit des froids aquilons ,
Près de la pêche cotonée ,
Muscats dorés et doux melons ,
Comme dans l'antique *Hespérie* ,
Ou comme en ces climats féconds
De la jeune et belle *Italie* ,
Où le ciel épand ses rayons ,
Au sein d'une terre bénie ,
Qui jamais , par d'affreux glaçons ,
Ne fut un instant défleurie ;
Où la paix , l'amour , l'industrie ,
Croissent à l'ombre de ses dons.
Beaux lieux , où le fils de Latone ,
Phœbus , de son char radieux ,

Descend pour embrasser Pomone ;
Qui, pour vous, a quitté les cieux !
Flore vous offre sa couronne ;
Tous les dieux vous ont embellis,
Leurs mains ont mélangé les lys
Avec les trésors qu'on moissonne,
Dans vos champs couronnés d'épis.
Mes regards errans sont ravis
De l'attrait qui vous environne ;
Je vous salue, ô ! lieux chéris !

Auprès de ce village, se trouve un
beau château, entouré de bocages et
de jardins, au bord du Rhône.

C'est là qu'on voit *la Condamine*,
Sous leurs ombrages spacieux,
De vins *d'Ampuis* et de *Condrieux*
Et de melons délicieux,
Meubler sa cave et sa cuisine.
Il est l'enfant gâté des dieux;
Et des ris, la troupe badine,
S'envole à regret de ces lieux.

La ville de *Vienne*, où nous arrivons une heure après, n'a de remarquable que ses rues sales et étroites, au point que deux voitures qui se rencontrent en sens opposé, sont obligées de reculer à quatre cents pas pour se faire un passage. Cette ville, une des plus anciennes de France, a été autrefois florissante : on trouve épars, çà et là, des restes de colonnes et d'arcs de triomphe : on y voit les ruines de divers édifices des Romains, tels que le *Prétoire*, *l'Amphithéâtre*, *le Temple de Castor et Pollux*. Quelques-unes des mosaïques trouvées dans les environs, doivent servir de dessin pour le pavé du Panthéon de Paris.

Vous y verrez, nous dit un voyageur,

Des tronçons de colonne antique,
Des corniches, des chapiteaux ;
D'un vieux saint la niche gothique,
Des reliques et des tombeaux ;

Sans même oublier les vitraux,
Les cellules et les caveaux
D'une pompeuse basilique.

Nous reçûmes l'accueil le plus gracieux dans la maison R...; nous avions
possédé mademoiselle Henriette R..,
pendant quelques jours, à la campagne. Elle réunit tout ce que la jeunesse, l'esprit et la beauté peuvent
offrir de plus piquant : elle étoit légèrement animée, et l'on voyoit sur
ses jolies joues,

Ces douces et vives couleurs
Dont la nature, en ses caprices,
Nuance le duvet des fleurs,
Sans étude et sans artifices.
Dans son maintien, tout est joli ;
Les grâces forment sa parure :
Son esprit aimable et poli,
Par les charmes de la culture,
Nous paroît toujours embelli ;
Elle est dans l'âge tendre encore,
Où l'amour effleure les sens,

Comme on voit zéphyr, au printems ;
Égaré sur les pas de Flore ,
Caresser les attraits naissans
D'une rose qui vient d'éclore.

Heureux l'époux destiné à lui faire
faire cet apprentissage ! plus heureux
encore l'amant à qui elle sera présen-
tée de la main des grâces ! ⸺ Dans
la route de Vienne à Lyon , la tête encore pleine du souvenir de notre jolie
hôtesse , et peut-être échauffée par
les fumées du vin , nous mettions
beaucoup de vivacité dans nos discours.
Notre valet, à qui l'on n'avoit fait
boire que du ripopé , et à qui les
charmes de la servante du cabaret
n'avoient point fait tourner la tête, en
fut effrayé ; il poussa son cheval entre
les nôtres : sa précaution nous fit écla-
ter de rire.

Rien n'est plus beau , plus grand ;

plus pompeux que le spectacle qui se présente, lorsqu'on arrive à Lyon par la route du Dauphiné. L'on a devant les yeux le quai du Rhône, qui a près d'une lieue d'étendue. Ce quai est bordé de superbes édifices, parmi lesquels s'élève celui de l'hôpital, couronné d'un dôme que surmontent un groupe de génies et un globe de bronze doré. La vue se repose sur une montagne couverte de belles maisons, de clochers, de jardins et de bosquets suspendus par artifice.

Nous ne vous ferons pas le tableau de l'état horrible dans lequel cette ville a été réduite, il y a deux ans. Lyon, qu'on nommoit alors *commune affranchie*, ne présentoit qu'un monceau de décombres et de ruines. Nous descendîmes à l'hôtel de Milan, circonstance que nous ne remarquerions pas, sans un incident dont nous allons parler.

Comme il étoit fort tard , nous ne pensâmes qu'à nous mettre au lit , sans souper ; notre frugalité ne contribua pas peu au profond sommeil où nous fûmes bientôt plongés. Nous avions négligé de nous faire inscrire à la municipalité : nous payâmes cette négligence un peu cher , comme vous verrez bientôt. Depuis quelques jours , la police épioit l'arrivée de deux étrangers qu'on lui avoit signalé de *Genève* : l'exempt , qui ce soir-là même , s'avisa de faire son inspection dans l'hôtel, nous fit la grâce de nous prendre pour les étrangers qu'on attendoit. Assoupis par la fatigue et par la vertu soporifique du *côte-rôtie* que nous avions bu à Vienne , nous dormions paisiblement l'un et l'autre , lorsque des coups redoublés , frappés à notre porte , nous réveillent en sursaut. On distinguoit au milieu du bruit , les cris d'une d'une voix rauque et usée, qui nous glaça d'effroi ; nous entendîmes ces mots prononcés distinctement : « Ci-toyens, il vous est ordonné de vous le-ver pour une visite domiciliaire.» Nous sautons à bas du lit, nous courons tous nus ouvrir la porte ; nous voyons entrer six estafiers, armés chacun d'un long fusil ; leur chef, tout rayon-nant de joie, se tourne du côté de ses camarades, et leur dit d'une voix aigre :

« Voici notre jeunesse dorée ; » frères, au nom de la loi, faites » votre devoir.» Les cris effroyables de sa bande, dûrent réveiller toute la maison. Un peu surpris, mais non pas déconcertés de cette scène imprévue, nous leur dîmes poliment :

Est-ce une aimable erreur du sort ?
Quel est donc ce noble transport ?
Quel est cet heureux artifice ?

B

Qui nous a procuré d'abord , .
Une visite aussi propice,
Tandis que tout l'univers dort ?
Citoyens , votre passe-port ,
Cria l'alguazil de service ,
Tel est l'arrêt de la police;
La police est de mon ressort ;
Et malheur à celui qui sort
Des limites de son village ,
S'il n'est tout au long désigné ,
Dans un passe-port bien signé ,
Exprimant bien les noms et l'âge,
Bien stylé , bien instrumenté ,
Bien paraphé , bien cacheté ,
Sans rature et sans griffonnage.

Oui , vous êtes deux *Emigrés* ,
Deux *Chouans* , deux *Aristocrates* ,
Deux *Malveillans* , deux *Modérés* ,
Et deux *Théo-Robinocrates* ;
Deux *Ci-devant*, deux *Embaucheurs* ,
Deux *Suspects* , deux *Fédéralistes* ,
Deux *Feuillantins* , deux *Royalistes* ,
Deux *Agitateurs* , deux *Chauffeurs* ,
Deux *Muscadins* , deux *Alarmistes* .

Deux *Agens de Pitt et Cobourg* ;
Et j'espère, en vrai *Sans-culotte*,
Pouvoir tous les deux, un beau jour,
Vous faire *siffler la linote*.

L'air impertinent et la volubilité de
ce maraud, qui nous vomissoit gratuitement un torrent d'injures et de me-
naces, étonnèrent, un moment, des
gens qui, précisément, n'avoient
point de passe-port. L'un de nous,
pour éprouver jusqu'où s'étendoit dans
cet homme, le sentiment de ses devoirs,
le tire à l'écart, et lui présente, sans
bruit, deux écus. Le corsaire, à la vue
de ces pièces d'argent, quitte son air ren-
frogné, déride ses sourcils crasseux, et
les reçoit sans cérémonie. Dans l'intervalle, ses compagnons étoient res-
tés à la porte ; pour ne pas leur ins-
pirer des soupçons, il feignit d'exa-
miner, pendant quelques momens, un

chiffon de papier que nous lui pré-
sentâmes. Il dit à haute voix : « Ces
pièces-là sont en règle : » nous lui
fîmes prendre un verre de Marasquin,
qu'il but sans rien dire. Il en demanda
un second, et se frotta les lèvres
avec le revers de sa main ; puis il nous
dit d'un air riant et d'un ton assuré :

Je me ravise, et c'est à tort,
Messieurs, que sur votre figure,
A votre air, à votre *encolure*,
Je vous ai suspecté d'abord.
Par une aussi grave méprise,
Je pourrois vous avoir déplu ;
Mais un patriote en chemise
Peut fort bien être méconnu.
Remettez dans votre valise
Vos passe-ports ; je les ai vus ;
Il suffit de les avoir lus,
Pas n'est besoin que je les vise.
Vous êtes, je n'en doute plus,
Sans-culottes, quoiqu'on en dise.

Nous congédiâmes ainsi cette troupe

affamée, et nous nous remîmes au lit, transis de froid. Deux de nos amis sont venus nous inviter à dîner le lendemain ; nous avons fait, avec eux, une chère très-fine : on nous a servi un mets délicat qui nous a fait regretter votre présence ; c'étoit un pâté de perdrix, orné de la dépouille légère de quelques jeunes poulets :

Je dis de ces *poulets* en somme,
Perdus de réputation,
Par la triste opération
Qu'au-delà des Alpes, on nomme
L'œuvre de la castration.
Hélas ! parmi nous, voilà comme
Languissent dans l'affliction,
Ces poulets augustes, qu'à Rome,
On vit si long-tems révérés !
Poulets divins ! poulets sacrés !
Qui, par la bouche d'un Augure,
A César, Emile ou Caton,
Pour vous en parler sans façon,
Sans périphrase et sans figure,

Près du Tibre et du Rubicon,
Prédisoient la bonne aventure.

Le soir, nous fûmes à la comédie ;
c'est là que nous vîmes, pour la première fois, un assez grand nombre de
femmes en perruques. Les unes les
portent blondes , avec des sourcils
d'ébène ; d'autres, au teint blanc et
délicat, les portent d'un noir de jai :
celles-ci ne font que contrarier la nature , et l'asservir à leurs caprices. Un
vieux frondeur se plaignit d'un ton
chagrin des maux du tems présent ; il
vantoit beaucoup le dernier âge , dont
il s'étoit plaint autrefois. Il préconi-
sera un jour les mœurs actuelles , autant qu'il les déprime aujourd'hui.
Une jolie femme qui avoit la main ap-
puyée sur un jeune homme en perruque blonde, trouvoit au contraire
tout fort bien : nos merveilleux ont

arboré la perruque, dont ils se moc-
quoient il y a six mois. Avides des nou-
veautés, ils ne font pas attention que
cette mode les ramène au siècle de
Louis XIV, et à la coiffure de leurs
grands-pères.

Un homme sensé qui se trouvoit à
côté de nous, au spectacle, nous dit à
voix basse : « Ce sont aujourd'hui des
» têtes à perruques blondes, qui gou-
» vernent une partie de l'Europe. Le
» trône de la mode est à Paris ; c'est-
» là qu'elle règne en souveraine ; c'est
» de-là qu'elle dicte ses arrêts, qui sont
» reçus avec respect d'un bout de
» l'Europe à l'autre : ils vont avec ra-
» pidité changer tous les visages et ré-
» glerla destinée de toutes les parures,
» sur la toilette des femmes. La se-
» conde ville de son empire est *Lyon*.
» L'on peut prévoir l'issue d'une

» guerre ; l'on peut pressentir la dé-
» cadence ou la prospérité d'un état.
» Mais quel génie assez clairvoyant
» peut présager les modes qui succé-
» deront demain à celles qui règnent
» aujourd'hui, et qui étoient incon-
» nues hier ?»

L'imagination remplie de ces idées,
nous écrivîmes les couplets suivans, en
rentrant chez nous :

La mode insconstante et légère
Prête aux teints flétris son éclat,
A la pâleur, son incarnat,
A la laideur, le don de plaire.
Ce petit maître à cheveux gris,
Qui se croit rival de Joconde,
Va vous paroître un Adonis,
Grâces à sa perruque blonde.

Lucile, agaçante et folâtre,
Au gré d'un caprice charmant,
A congédié son amant,
Qu'elle boude et qu'elle idolâtre.

Lucile, pourquoi ce courroux ?
C'est un secret pour tout le monde ;
Ariste eût-il osé chez vous,
Paroître sans perruque blonde ?

Chacun court après sa poupée ;
Au premier jour nous unirons,
La cuirasse avec les jupons,
Et l'éventail avec l'épée.
Tout va pour le mieux, tout va bien
Quand l'on trouve au meilleur des
      mondes,
L'amour en *oreilles de chien*,
Les grâces en perruques blondes.

O, belles ! pardonnez encore,
Si, sévère envers la beauté,
J'accuse de légèreté
Un sexe aimable que j'adore !
En dépit de mes vers malins,
Au gré de vos ruses fécondes,
Soyez brunes tous les matins,
Et tous les soirs paroissez blondes !

Deux jours après, nous partîmes

pour *Saint-Chamond* ; nous fûmes reçus dans une des maisons les plus opulentes de la ville. Nous y avons passé quelques jours au sein de l'amitié et du repos.

L'aimable et douce liberté,
Sœur de la bonne compagnie,
Et cette heureuse aménité,
Qui fait le charme de la vie,
Ensemble ont toujours habité,
Dans ces lieux où tout nous convie
D'accepter l'hospitalité.

Le lendemain de notre arrivée, on invita quelques personnes à dîner : la présence d'une des demoiselles de la maison vint entremêler les grâces avec la bonne chère et la gaieté. S......est une espiègle , jolie comme un ange.

Quand le doigt folâtre des Ris
Entr'ouvre ses lèvres mi-closes ,

Il répand sur un teint de lys,
L'incarnat des feuilles de Roses.

Parmi tous les convives, on distinguoit le père B..., digne chef du cou-
vent des Carmes : il répand par-tout
l'enjouement et la belle humeur. Durant sa jeunesse, il a servi tour-à-tour
dans les mousquetaires, et dans un
régiment de *pandoures*. Ce moine superbe imite en buvant le sifflement de
la bombe ; il eut jadis un œil crevé d'un
coup de bouteille, à la suite d'une orgie.
On l'a trouvé mille fois étendu par
terre, au milieu des débris d'un souper.
Il a d'ailleurs conservé, dans le degré
le plus éminent, toutes les vertus d'un
carme.

Le bon père voulut, sur la fin du
dîner, nous faire remarquer sa belle
voix :

Et par quelques chansons à boire,
Au dessert ainsi qu'au lutrin,

Il ravit tout son auditoire ;
Chacun de nous , le verre en main ,
Répète le bruyant refrain
Des couplets rimés à la gloire
Du dieu des gourmands et du vin :
Il veut célébrer sa victoire,
Mais il s'énivroit à la fin ;
Tout en défiant le destin
De lui détraquer la cervelle :
Il s'appesantit, il chancelle ,
Et ronfle jusqu'au lendemain.
Alors , sous un front patelin ,
Son teint prend la couleur vermeille
Du jus purpurin de la treille.

D'un air plus vif , plus radieux ,
Le matin , aux pieds d'une belle,
Il sait , en bon religieux ,
Lorgner du coin de la prunelle,
Applaudir d'un ton précieux ,
Sourire d'un air gracieux ,
Pénétrer d'un œil amoureux
Sous la gaze et sous la dentelle,
Toujours aimé , toujours heureux ,
Mais par fois trop avantageux ,
Dans son regard ambitieux

Le feu du désir étincelle :
Tel l'enfant joufflu de Sémèle ,
Parut aux rives de l'*Indus* ,
Quand il apportoit la nouvelle ,
Et l'usage du divin jus
Qui fit éclore cent merveilles.
Il alloit chantant , combattant ,
Folâtrant , buvant , conquérant ;
Se grisoit tous les jours de l'an ,
Et vous sabloit trente bouteilles
A son souper, chemin faisant ,
Pour humecter ses douces veilles.

Nous nous décidâmes à quitter Saint-Chamond , après avoir pris l'engagement d'y revenir au printems prochain, et nous partîmes pour Mont-Brison. C'est une jolie petite ville et des plus agréables ; mais lorsque nous la vîmes, presque toutes les femmes étoient encore en deuil de leurs pères , de leurs maris , de leurs frères , de leurs concitoyens moissonnés par l'affreuse *commission temporaire*. Digne émule de

Collot-d'Herbois, *Javogues* a fait démolir les plus beaux édifices de la ville, et, dans sa froide ironie, il la faisoit appeler *Mont-Brisé*.

M. B...., qui nous servoit ici de guide, nous présenta dans la société : elle fut un jour très-brillante chez madame d'Ar....; elle offroit un cercle composé des plus jolies personnes, et dans un coin du sallon, quelques douairières profondément occupées à tenir des cartes.

> Autour d'une table à *quadrille*,
> On voit quatre siècles assis,
> S'empresser pour *baste et manille*,
> Se picoter pour un *spadille*,
> S'agiter pour un *reversis*.

Mais une troupe de jeunes nymphes s'exerçoient à ces jeux inventés par l'amour timide; jeux favorables aux

amans, qui peuvent se livrer aux mou-
vemens de leur cœur avec plus de liberté.

Eglé, qu'une foule idolâtre
Nommoit la reine de ces jeux,
Paroît sur ce riant théâtre,
Un épais bandeau sur les yeux :
Elle étend ses deux bras d'albâtre. . . .
Mille fois le zéphyr folâtre,
En croyant baiser une fleur,
S'est joué d'une aile volage
Sur ses lèvres, dont la fraîcheur
Appelle les désirs du sage.
Belle arrêtez ; où courez-vous ?
Votre main semble fuir *Léandre*,
Qui d'un air discret et jaloux,
Vous poursuit pour se faire prendre.
Il brûle d'être dans vos bras,
De voir sur son cœur qui palpite,
Votre main avec embarras
Jouir du trouble qui l'agite.
Léandre est pris. O trahison !
Eglé tu sais le méconnoître,

— Et tu punis avec raison
    L'ardeur qu'il a trop fait paroître !

Nous continuons, les jours suivans, notre route dans le *Forez* : nous passons à *Marsilly*, endroit fameux dans l'Astrée de Durfé, et dans les Eglogues de Fontenelle. Ce poëte aimable décrit avec transport ces lieux qu'il n'avoit jamais vus :

« O rives du *Lignon!* ô plaines du Forez!
» Lieux consacrés aux amours les plus tendres,
» Mont-Brisson, Marcilly, noms toujours
    pleins d'attraits,
» Que n'êtes-vous peuplés d'*Hylas* et de
    Sylvandres ! »

Nous avons côtoyé quelque tems les bord du *Lignon*, auquel la brillante et féconde imagination d'*Honoré d'Urfé* a donné l'immortalité. Ne vous attendez pas à retrouver aujourd'hui

des *Diane*, des *Céladon* et des *Gala-*
thée chez un peuple de chaudronniers;
le grand druide *Adamas*, ou monsieur
l'abbé *Papon* lui-même, diroit avec
La Fontaine :

« Amour est mort; le pauvre compagnon
» Est enterré sur les bords du Lignon.

Si l'amour chaste et sensible avoit
dû choisir un asile, c'est sans doute
celui-là. Heureux bergers, ces lieux
enchantés sont bien dignes d'avoir été
les témoins de votre bonheur et de
votre fidélité !

Au pied des montagnes du *Forez*,
coule dans un pays fertile la petite rivière du *Lignon*, qui fait un grand
nombre de détours, jusqu'à son em-
bouchure dans le Loire. Les oiseaux
se plaisent dans ces lieux écartés, où
rien ne trouble leur innocente vie ; les
troupeaux, en quittant l'étable, diri-

gent eux-mêmes les bergers vers ces rives fleuries, où, après avoir brouté le thym, le serpolet et la mélisse qui y croissent abondamment, ils trouvent une ombre salutaire, et une eau pure pour se désaltérer. Le paysage offre à l'œil des touffes de pommiers, de saules, de noyers; des cabanes clair-semées, des châteaux, des clochers de villages, et des montagnes qui dé-coupent l'horizon, et s'élèvent jusqu'au ciel : et puis c'est une fraîcheur, un murmure, un silence.... qu'interrompent de tems à autre, les chants plain-tifs de quelques colombes solitaires, expression fidèle de l'amour malheu-reux.

C'est du haut de cette roche, que Céladon, accablé des rigueurs d'As-trée, se précipita dans les eaux du Lignon : des nymphes bénignes le transportèrent sur cette pelouse que

vous voyez là-bas, et le réchauffèrent
contre leur sein. Ecoutez le récit de
cette triste aventure. Martyr de l'a-
mour et de la jalousie, Céladon est
debout, sur la roche fatale, les cheveux épars, les yeux élancés vers le
ciel ;

Sermens oubliés ! vains regrets !
Ne parlez plus de cette belle !
Bois obscurs ! lugubres forêts !
Dit-il, dans sa douleur mortelle ;
Ensevelissez pour jamais
Le souvenir de ses attraits,
Et le nom de mon infidelle.
Hélas ! en perdant son berger,
Peut-être sa flamme amoureuse,
Dans son cœur, saura me venger
Des caprices d'une orgueilleuse.
O toi ! que j'osois outrager !
Toi que je crus trop vertueuse,
Avant ces funestes baisers !
Sois éternellement heureuse ;
Sois plus belle et plus glorieuse

Que la rose dans nos vergers,
Brilles de candeur, d'innocence ;
Conserves ces attraits touchans,
Et règnes dans ces lieux charmans,
Qui sont soumis à ta puissance.
Pour moi, le cœur percé de traits,
Au moment où tout m'abandonne,
Je suspends à ces noirs cyprès ;
Et ma houlette et ma couronne.
Reçois à mon dernier jour
Cette *guirlande d'amour*,
Où l'olive fortunée
Est mollement enchaînée
Avec ces myrtes heureux.
O ma maîtresse adorée !
O ma douce et belle Astrée !
Ornes en tes beaux cheveux ;
Et quand mon ombre éplorée
S'envolera chez les dieux ;
Si quelque larme égarée
Vient rouler dans tes beaux yeux ;
De mon trépas glorieux
La douleur est appaisée ;
Et d'un front plus radieux,
Je descends dans l'Elysée.

Alors le berger Céladon,
(Hélas ! c'étoit dans ce lieu même)
Poussé d'un désespoir extrême,
Et d'une extrême affliction,
S'élançant des rives profondes
Qui bordent le cours du Lignon,
Eteignit dans le sein des ondes,
Ses regrets et sa passion.

Voici le boccage où Céladon vit
Astrée toute nue dans le bain, avec
Amaryllis et Galathée ses compagnes.
La pudeur de la belle en fut un peu
effarouchée. Elle rougit d'étaler tous
ses charmes aux yeux d'un berger.
Mais ce berger étoit son amant ; et
peut-être en secret se réjouît-elle de
ce qu'un heureux hasard récompensoit
si bien un amant fidelle, qui s'étoit
décidé à mourir, sans être certain de
sa résurrection.

Le jour de notre départ, nous
vînmes, au lever du soleil, revoir,

pour la dernière fois, les bords du Lignon. Il faisoit une belle matinée de printems. C'est ici, disions-nous, que dans une retraite chérie, le sage peut jouir d'un calme parfait, et contempler d'un œil paisible les passions qui agitent le monde, et les guerres qui le désolent. L'état heureux des bergers se présentoit à nous avec tous ses charmes. Les aventures, les amours, la philosophie simple et touchante de ceux qui habitèrent ces bords, se retraçoient à notre imagination. Nous citâmes à l'envi les épisodes les plus rians de l'Astrée ; les noms de *Roger*, de *Tancrède*, de *Clorinde* et d'*Herminie* y furent mêlés. En vain voudrions-nous vous faire un pareil tableau ; nous n'avons pas la touche brillante et légère de Bernardin de Saint Pierre : c'est à lui seul qu'il est donné de peindre et

d'embellir la nature. Il est trois
hommes parmi nous dont les écrits
respirent la même pureté, la même
douceur, le même charme de style.
Fénélon et J. J. Rousseau s'avancent
ensemble à la postérité; leurs ouvrages célèbres sont de beaux monumens, que les lettres, le génie et
l'amour de l'humanité ont élevé de
concert au bonheur de leur pays.

Le sage Bernardin de Saint Pierre
a marché sur leurs traces. Interprète
de la nature, qu'il peigne encore dans
ses écrits, l'amour, le sentiment, la
vertu; qu'il prête à la verité le charme
de la fiction, à la philosophie le coloris de la poësie, et la parure des
grâces; qu'il rappelle encore parmi
nous les idées nobles et libérales; et
qu'il rende à la vertu son feu sacré.
Ses ouvrages sont le code d'une morale pure et douce comme son ame;

ils font les délices du jeune homme et
du vieillard, du guerrier et de la beauté
timide, de l'homme chargé du gouvernement, et du citoyen obscur et paisible.
Mais ils plairoient beaucoup plus à ses
envieux, s'ils plaisoient moins à tout
le monde. — Tous ces objets réunis
formoient pour nous une suite de tableaux sublimes et champêtres, que
nous n'essaierons pas de vous retracer.
De pareils tableaux doivent être ré-
servés aux pinceaux de Raphaël, de
l'Albane et de Guido-Réni. Il faudroit donc,

Pour vous croquer cette peinture,
Emprunter ces crayons brillans,
Cette grâce céleste et pure,
Ce coloris, ces traits charmans
Qu'ils déroboient à la nature.

Seul émule de Raphaël,
Le Poussin, ce peintre immortel,
Mélangeoit

Mélangeoit, d'une main riante,
Par mille contrastes heureux,
Dans les sujets grands et pompeux,
Quelque scène tendre et piquante.
Le crayon qu'il reçut des dieux,
Unit dans sa touche imposante
Le sublime et le gracieux.
Dans l'art éloquent et magique
De son pinceau philosophique,
Athènes revit parmi nous :
D'un trait plus naïf et plus doux,
D'un coloris plus poëtique,
Sur la palette des Amours,
Du monde heureux en ses beaux jours,
Il crayonna l'adolescence :
Il peignoit la tendre innocence,
Avec les grâces de *Rachel*;
L'orgueil de l'amour maternel,
Avec les traits de Cornélie ;
Le dévouement à la patrie,
Vient paré de fleurs à l'autel,
Avec la tendre Iphigénie.

Dans son vol plus audacieux,
D'une main encor plus savante,
Raphaël, plus grand, plus heureux,

Nous ouvre le séjour des dieux ;
Et sa touche est bien plus coulante.
Ce Jupiter impérieux,
Fronçant un sourcil radieux,
Agitoit la terre tremblante
Sous son regard majestueux.
Mais Vénus a pris sa ceinture :
Vénus, ton sourire amoureux
Rendra le calme à la nature !
Parcourons l'olympe éclatant :
Voyez au dessus des orages,
Dans ce palais de diamant,
Elevé par la main des sages,
Le Destin régnant sur les âges,
Et l'univers à ses genoux.

L'Albane est plus tendre et plus
    doux (1) ;
Ses crayons touchent davantage :
L'Amour dirigeoit tous ses goûts,
Et semoit de fleurs son ouvrage.

_____

(1) Sujets de plusieurs tableaux de Raphaël,
du Poussin et de l'Albane, qu'on voit au *Vatican*,
aux palais *Barberini*, *Doria*, et au petit *Farnèse*,
à *Rome*.

Ainsi, quand Neptune jaloux,
Neptune frémissant de rage,
Gourmande les flots en courroux;
Quand la nuit, la mort, le ravage
Couvrent les mers autour de nous ;
Souvent en un coin du rivage,
Paisibles comme au plus beau jour,
Des bergères tiennent l'Amour
Prisonnier dans un frais boccage,
Et de guirlandes de feuillage
Veulent enchaîner sans retour
Ce dieu caressant et volage.

Vous savez que dans sa jeunesse,
le Poussin, touché de la lecture d'Astrée, vint sur les bords du Lignon
étudier la belle nature, et faire un
choix de sites pittoresques.

Nous ne voulûmes pas quitter un
pays si fécond en souvenirs, sans
aller au village d'*Urfé*, et sans voir
le château qu'habitoit jadis l'auteur
de ce roman, qui, pendant un siècle,
fit les délices de l'Europe. Nous n'y

Reliure serrée

retrouvâmes plus les Amours et les Nymphes pudiques, mais nous y reconnûmes ces ombrages frais, que d'*Urfé* planta lui-même. Après avoir visité jusqu'aux moindres recoins de cette antique demeure, nous descendîmes sur le rivage émaillé du Lignon; nous nous promenâmes quelque temps sous un boccage de chênes, de platanes, de peupliers et de lauriersroses, qui mêlent leur ombre paisible sur ses bords, et se peignent dans ses flots. L'air étoit pur; il régnoit un profond silence : tout-à-coup nous entendons auprès de nous un léger bruit semblable au souffle du zéphyr, quand il traverse un feuillage épais. Nous nous arrêtons, et du tronc d'un vieux sycomore, nous voyons sortir une ombre qui s'avance gravement, sans toucher la terre de ses pieds. Nous ne vous cacherons pas que nous fûmes un moment effrayés de cette apparition. La gaieté et la douçeur, empreintes sur la physionomie de ce revenant, nous rassurèrent. Il portoit sur la tête un chapeau de fleurs, et tenoit une houlette à la main. Nous fûmes flattés de penser qu'on alloit dire que nous avions le secret d'évoquer les mânes des héros. Cette ombre aimable nous salua d'un air poli, et nous adressa ces vers, que notre mémoire nous rappelle :

> Je ne viens point, jeunes amis,
> Par une importune visite,
> Glacer, d'une terreur subite,
> Vos sens alarmés et ravis.
> Pour vous débrouiller ce mystère,
> J'arrive à l'instant du pays
> D'où les morts ne reviennent guère.
> Les climats lointains, dont je sors,
> Tant de fois nommés des poëtes,
> *Les enfers* ou *les sombres bords*
> Sont fort peu connus où vous êtes.

Minos fut attendri, dit-on,
Lorsqu'on lui lisoit mon ouvrage ;
Et l'épouse d'un dieu sauvage (1)
Souřioit à la fiction.

Esclave sur le noir rivage,
La belle cachoit son visage
Coloré d'un doux vermillon ;
Dans la douce erreur qui l'abuse,
Son cœur brûlant d'émotion,
La transporte aux bords d'Aréthuse.
J'en obtins la permission
De revoir la voûte azurée :
C'est moi qui chantai les amours
Et de Céladon et d'Astrée,
Si fameux dans cette contrée
Où couloient leurs paisibles jours,
Plus heureux que dans l'empyrée.
Je suis d'*Urfé*, tel est mon nom :
Sur cette terre fortunée,
Avec un permis de Pluton,
Je passe six mois de l'année,
Sans quitter les bords du Lignon.

Comment avez-vous pu, aimable

---

(1) Proserpine.

d'*Urfé*, lui dîmes-nous, vous décider à quitter l'élysée, qu'on nous peint comme un séjour digne des dieux et des grands hommes qui l'habitent? C'est là qu'au sein d'une félicité pure et sans nuages, vivent ensemble les héros vertueux, les amans fidèles, les poëtes amis des dieux, et toutes ces ames grandes et généreuses, qui ont sacrifié leur vie à la gloire d'une patrie, quelquefois ingrate. Comment avez-vous pu vous séparer d'*Homère*, de *Platon*, de *Socrate*, de *Virgile*, de vos trois amis, *Catulle*, *Ovide* et *Tibulle*; de *Cléopâtre*, de l'amoureuse *Hélène*, et de la tendre *Didon?* Vous, sage d'Urfé, qui-avez sans doute conservé votre amour pour la vie pastorale, quels plaisirs pouvez-vous regretter encore ici, dont vous n'ayiez pas joui dans l'élysée? — Il est vrai, répondit-il, que dans ce

séjour immortel , on goûte la conti-
nuité des jouissances paisibles ; les
chagrins , le repentir, les besoins, les
remords et la peine ne viennent plus
vous y agiter ; mais la volupté est
émoussée par le sentiment non-inter-
rompu du bonheur. L'existence est
douce ; mais elle est d'une douceur
monotone. Croyez-moi , ce n'est que
sur la terre qu'on trouve le bonheur
qu'on vous promet toujours dans le
ciel. Je m'ennuyois dans l'élysée ; et
tous les héros qui l'habitent, le quit-
teroient volontiers pour passer deux
mois à Paris.

Il nous assura qu'on s'étoit trompé,
lorsqu'on lui faisoit décrire, dans son
Astrée, l'histoire des amours du règne
de Henri IV ; qu'il n'avoit écrit que
les rêves brillans de son imagination
tendre et pastorale. Il nous parla de
la belle Diane de Château-Morand,

qu'il avoit épousée par convenance.
On a grand tort, dit-il, de croire que
c'est pour elle que j'ai composé mon
ouvrage : j'étois pourvu d'un trop bon
jugement, dieu merci, pour écrire
six gros volumes en l'honneur de cette
belle, dont je fus le débonnaire mari,
et qui pis est, le mari c...... Ceci
soit dit entre nous, ajouta-t-il, en
souriant ; mais gardez-vous bien d'en
instruire le public. Diane ne ressem-
bloit point à Astrée ; elle étoit cha-
grine et capricieuse, et n'étoit pas,
à beaucoup près, aussi jolie. Elle
avoit toujours auprès d'elle, même au
lit, une douzaine de grands chiens,
avec lesquels je n'étois point jaloux
de partager les honneurs de sa couche.
Gardez-vous bien, nous dit-il encore,
de parler de tout ce que vous venez
d'entendre : si je ne fus pas amant
heureux, je dois être du moins mari

discret. Vous possédez, ajouta-t-il, des femmes beaucoup plus aimables que la mienne ; car je vous avoue, en confidence, que ma Diane est une franche bégueule, et que mon Céladon est d'une fadeur à mourir. Au reste, messieurs, vous ne lui ressemblez point ; vous n'avez jamais éprouvé de rigueurs, et vous ne vous jetteriez point sans doute la tête en bas dans la rivière, pour une menace de votre maîtresse. Mais gardez-vous bien de boire des eaux du Lignon : quiconque touche ces eaux dangereuses, sent tout-à-coup naître la tendresse, et se sent disposé à filer le parfait amour. Un satyre deviendroit ici timide et respectueux ; Hercule continueroit à tenir le fuseau débile aux genoux d'Omphale ; l'amant le plus ardent est bientôt, sur ces bords, un amant glacé. . . . . A ces mots, il disparut.

Nous courûmes vainement après cette ombre familière, en la priant de se promener encore une heure avec nous; mais elle ne revint plus.

Le lendemain, nous avons passé la Loire à gué près de Roanne, petite ville qui est l'entrepôt de toutes les marchandises qui vont, par eau, de Genève et de Lyon dans l'Océan. La Loire, qui n'est qu'un ruisseau bourbeux dans le Vivarais, et qui devient un beau fleuve dans la Touraine et la Bretagne, commence d'être navigable à Roanne. On s'est empressé de nous mener voir, dans une église, un tableau qui est en grande estime parmi les connoisseurs de l'endroit. Le ci-devant bedaut qui nous conduisoit, nous assura que ce tableau, dont le sujet offre la vision béatifique d'un saint, seroit le plus beau morceau de peinture de France, si des mains barbares ne l'avoient attaqué. Nous avons cru qu'il représentoit quelqu'ancien doyen de cathédrale, qui s'étoit fait peindre dans tout autre dessein que celui de figurer sur un autel. Au reste, si c'est un saint,

C'est un saint de fort bonne mine,
Fort séduisant et fort joli.
L'on diroit, à ce teint fleuri,
Un jeune abbé fourré d'hermine,
Assis *in domo domini.*
Mais à sa panse rebondie,
L'on devine qu'en paradis,
Nos élus n'ont été nourris
Que de nectar et d'ambroisie.

Nous ne nous arrêtons plus, dans notre route, qu'à *Charolles.* Nous avons vu, en passant, le château de *Rabutin,* d'où tiroient leur origine les seigneurs de ce nom, devenus si fameux par l'auteur de l'Histoire des Gaules, Messire Roger de Bussi,

cousin germain de madame de Sévigné. M. de B. .... avoit des connoissances à Charolles ; cette circonstance
nous y retint pendant trois jours dans
une société assez gaie : le vin de Bourgogne s'exhaloit en calembourgs et en
railleries. C'est là que nous vîmes un
ci-devant marquis de S. .... dont la
gravité empesée , la coiffure haut
montée, le corps exigu et la taille de
sauterelle, et sur-tout le ton impor-
tant, nous divertirent beaucoup ; il a
toujours l'air de régler, à part soi,
les destinées de l'Europe :

> D'honnêtes gens pensent fort bien ,
> Que cette grotesque pompée ,
> Toujours proprement retapée,
> Qui paroît toujours occupée ,
> Ne s'occupe jamais de rien.

Sa fille, qui seroit fort aimable sans
une pruderie affectée, et sans un rigo-
risme ridicule, croit qu'il est de sa di-

gnité de prendre le ton de monsieur
son père : à peine daigne-t-elle honorer les hommes d'un regard ; un seul
mot la fait rougir. L'un de nous se per-
mit pourtant de l'aborder, et s'avisa
de lui faire quelques questions hon-
nêtes ; mais elle n'y répondit que par
un oui ou un non sèchement appliqué,
et changea brusquement de place.
Notre voyageur, piqué d'un accueil
aussi froid, sort un instant, et le soir
à souper glisse adroitement sous sa
serviette les vers suivans , qu'elle
met plus adroitement encore dans sa
poche.

Vous êtes, on n'en doute plus,
Une écolière bien novice ;
Un petit tendron de Vénus,
Sans fourberie et sans malice,
Tout pétri de mille vertus,
Rejeton fertile et propice
De ces petits cœurs ingénus,
Qui, dans nos climats corrompus,

Fleurissoient à l'abri du vice.
Mais ne faisons pas trop de bruit ,
Sur les rares vertus des filles ;
Tout ce qu'on en dit de trop , nuit
Souvent au repos des familles.
J'aime mieux des traits sémillans
Qu'une indiscrète pruderie :
L'âge de la coquetterie
Est l'âge des attraits brillans.
Un petit grain d'étourderie ,
Une charmante agacerie
Ne déparent point à seize ans ;
Très-souvent dans son beau printems ,
Une belle folle et jolie ,
Qui folâtre avec mille amans ,
N'a jamais fait une folie.
Ma mercuriale polie
Vaut bien tous les sots complimens
Dont tous les soirs on vous ennuie.

Il fallut quitter Charolles, où nous
nous amusions beaucoup , pour nous
rendre à Cluny , où nous fîmes , sans
contredit, une plus austère pénitence
que tous les Bénédictins ne l'ont jamais

faite. Ce ne sont point les Bénédictins de Cluny, ce sont leurs confrères les Bernardins de Citeaux, qui possédoient le clos de Voujaut, où l'on recueille le premier vin de Bourgogne.

L'ordre de Saint-Benoît, en revanche, se glorifie de posséder, de compte fait, quarante papes, deux cents cardinaux, cinquante patriarches, mille six cents archevêques, quatre mille six cents évêques, quatre empereurs, douze impératrices, quarante reines et trois mille six cents saints canonisés, sans compter les autres.

Les savans de cet ordre illustre, ne sont pas tout-à-fait en si grand nombre ; il compte cependant des hommes d'un rare mérite et d'une profonde érudition. C'est aux Bénédictins que nous devons la conservation précieuse des anciens auteurs. Ils recueilloient les manuscrits ; on les copioit dans

leurs couvens ; ainsi les lettres refleurirent d'abord à l'ombre du cloître.

Cet ordre étoit bien déchu depuis
long-tems ; mais un grand nombre de
personnes continuoient à l'honorer
par leur conduite et par leurs lumières.
Un habitant de Cluny, qui nous accompagnoit, lorsque nous visitâmes les
vastes bâtimens de l'abbaye, nous pei-
gnit son ancienne opulence et ses abus,
avec des couleurs peu flatteuses. Voici
ses propres termes :

Telle est la pompe et l'élégance
Qui paroient ces paisibles lieux,
Quand, sous un abbé fastueux,
Au sein d'une douce abondance,
De moines un troupeau nombreux
Couloit des jours luxurieux
Sous le froc de la pénitence.
Là, sous la trompeuse apparence
D'obéir à de chastes vœux,
D'oublier, dans la continence,

Le monde et ses plaisirs pompeux,
Entre les bras de l'indolence,
Cent bénédictins vigoureux
Faisoient la guerre à l'innocence,
Goûtant ces biens licencieux,
Que Mahomet, pour récompense,
Promet à tous ses bienheureux.
Là, tous les vices odieux,
Enfans de l'avare opulence,
Triomphoient, avec insolence,
Nourris des mains du malheureux,
Qu'une féodale puissance
Frappoit de tributs onéreux....
Mille fois on vit, auprès d'eux,
La triste et plaintive indigence
Manquer des soins officieux
Que, sans bruit, et dans le silence,
La beauté, souvent à leurs yeux,
Conduite par la bienfaisance,
Prodigua d'un air gracieux.
Là. . . . .
. . . .

Nous l'interrompîmes, comme il al‑
loit entrer dans des détails encore plus

amers : nous jugeâmes, à son discours,
que nous étions tombés entre les mains
de l'ennemi le plus acharné de l'ordre
de Saint-Benoît. C'étoit sans doute un
des anciens vassaux de l'abbaye, qui
exhaloit ainsi le chagrin qu'il avoit eu
de lui payer des rentes ou de lui faire
des corvées : peut-être même avoit-il
reçu quelques corrections paternelles,
par l'effet de la justice distributive
qu'exerçoit monseigneur l'abbé de
Cluny. Quoiqu'il en soit, pour la fidélité de l'histoire, et pour l'honneur
des Bénédictins, nous prîmes note de
la diatribe de notre conducteur ; l'un
de nous écrivit au bas son sentiment
particulier, tel que le voici :

Pardon si votre révérence,
Très-révérends pères, s'offense
De ces propos injurieux :
Je connois tous vos envieux

Et je hais fort la médisance.
Je sais quels mortels vertueux
La tranquille persévérance
Nourissoit jadis en ces lieux ;
Je sais que leurs soins studieux
Firent refleurir la science ,
Qui fut le plus doux de leurs vœux,
Parmi les chardons épineux
Dont se couronnoit l'ignorance.
En vain vos censeurs furieux
Arment leur injuste éloquence
De sophismes calomnieux ,
Et des destins impérieux
Prétendent briser la balance.
Ils tonnent ... Mais ils feroient mieux
De rire de tout en silence ,
Et de laisser faire les dieux.

De Cluny nous allons passer deux
jours à Mâcon : nous n'y connoissions
personne ; nous fûmes réduits à visiter
les cafés et la promenade publique.
On montoit par-tout la garde en bonnet
rouge. Le jour même de notre arrivée,

nous entrâmes dans un cabinet litté-
raire pour lire les journaux. Il s'y
trouvoit un cercle nombreux de politiques modernes, fort occupés à dis-
cuter les affaires de l'Etat. On remar-
quoit, entre autres discoureurs, un
homme sec et livide, portant la mous-
tache retroussée : on nous dit que
c'étoit un médecin. Qui s'en seroit
douté à son humeur belliqueuse ? Il
vouloit absolument, que nos armées
marchassent sur Constantinople ; il
alloit sans façon ,

Avec une prosopopée,
Avec de fort belles raisons ,
Et sur le ton de l'épopée ,
Loger aux Petites-Maisons
Le sultan , tyran du Bosphore.
Au lieu des antiques croissans,
Cet emblême auguste qu'adore
Le peuple coiffé de turbans ,
Il vous faisoit , au gré des vents ,

Flotter l'étendard tricolore.

Dès l'abord, il doutoit encore ;

Mais bientôt, d'un ton plus certain,

Il détrône à sa fantaisie,

Et culbute, d'un tour de main,

Tous les potentats de l'Asie.

L'Esculape, en si beau chemin,

Vous troquoit sa pharmacopée

Pour quelques feuilles de laurier ;

Sa lancette pour une épée :

Et, dans son délire guerrier,

Changeoit, par l'effet singulier

De l'illusion qui l'abuse,

Son beau titre de bachelier

Coutre un bon brevet d'officier.

Le feutre qui cache en entier

Sa tête pesante et diffuse,

Contre un bonnet de grenadier ;

Sa bandelette en baudrier,

Et sa seringue en arquebuse.

Un de ses voisins, qui l'écoutoit avec impatience, ne put s'empêcher de lui dire, parbleu nous serions ravis de vous voir ;

Avec des sentimens si beaux,
Entiché d'une folle gloire,
Prendre Trébisonde et Colchos,
Ou vous noyer dans la Mer-Noire !
Calmez cette ardeur de héros ;
Mon cher docteur, daignez m'en croire,
Laissons le croissant en repos.

Nous ne vous dirons rien de Châlons, où nous avons été uniquement occupés d'affaires : mais nous avons fait une excursion jusqu'à *Nuis*, dont les vignobles sont justement renommés. La proximité de Dijon nous invitoit à voir cette ville : nous profitâmes d'une aussi belle occasion pour y faire un petit voyage. Citeaux n'est qu'à deux lieues de Nuis. Nous devions une visite au clos de Voujaut, nous la fîmes en vrais amateurs. Le printems, la vigne en fleurs, la plus riche végétation nous ont fait passer ici des heures charmantes, et nous annoncent de belles vendanges pour la saison prochaine.

La riche et magnifique abbaye de Citeaux n'existe plus : ses bâtimens sont immenses et somptueux, ce qui ne doit pas vous étonner. Son église passe pour être la plus grande de France ; le luxe, l'opulence, les arts, toutes les commodités de la vie étoient réunies dans cette maison, qui ressemble à une petite ville. L'abbé de Citeaux jouissoit de 500 mille livres de rente, et de fort beaux priviléges ; il siégeoit aux états de Bourgogne avec la crosse et la mitre, et il étoit le chef suprême de son ordre.

Vous savez que l'abbaye possédoit ce clos de Voujaut dont nous ne saurions trop vous parler ; mais vous ignorez peut-être qu'elle en doit l'acquisition à Saint-Bernard, qui ne le paya pas bien cher.

Par

Par le crédit de ce grand saint
Sur l'esprit du souverain être,
Ce clos, de murs bénis enceint,
Très-plaisamment changea de maître.
Mais comment ce contrat fut fait;
En deux mots je puis vous le dire :
Ne m'accusez pas, s'il vous plaît,
De forger un conte pour rire.
De ces cantons, maints habitans
Las de dire leurs patenôtres,
Non qu'ils fussent des mécréans
De Jésus ou de ses apôtres,
Mais pour mieux fonder leur salut,
Sans recourir à pénitence,
Pour faire un tour à Belzébuth,
Et pour le mettre but-à-but,
Et narguer l'infernale engeance,
Un beau jour crurent à propos,
En marchands qui n'étoient point sots,
Marchands d'humeur israëlite,
Qui vendoient fort cher leurs cadeaux,
De faire à notre cénobite
Un don de ces riches côteaux,
Sous la condition écrite,
Qu'un même enclos, de même prix,

D

Et portant vins de même classe ,
Des vignobles du paradis ,
Leur seroit remis à la place ;
Bien entendu qu'un bon logis ,
Pour héberger toute leur race ,
Voire au besoin quelques amis ,
Seroit bâti dans cet espace.

A cette proposition ,
Dans sa pieuse émotion ,
Saint-Bernard , par discrétion ,
Se montra d'abord difficile ;
Puis il se mit en oraison ;
Puis il jura sur l'évangile ,
Que tels actes faits ici bas ,
Que le tout-puissant ratifie ,
Seroient les premiers des contrats
Ecrits dans le livre de vie.

Le seigneur apparut , dit-on ,
Et daigna , sans cérémonie ,
Confirmer leur donation.
Pour *hypothèque* et *caution* ,
Il les mit en possession
De bêcher de leur main bénie
Dans son immortelle patrie ,
Cette vigne toujours fleurie ,

Qu'il couronne en toutes saisons,
Par une merveille constante,
De pampres, de fleurs, de boutons
Et de vendange renaissante.

Cette anecdote, qui est historique, annonce dans quelles épaisses ténèbres l'Europe étoit plongée au douzième siècle : c'est l'époque la plus humiliante de la dégradation de l'esprit humain, et de l'oubli total des idées raisonnables. On retrouve encore, dans les trésors et dans les archives des plus anciennes abbayes, des chartes du même genre. Telle étoit l'origine des immenses richesses qu'ont hérité les enfans de Saint - Bernard, nous dit un acquéreur de leurs domaines, dont la critique nous parut aussi injuste qu'intéressée. Il ajouta d'un ton plein d'aigreur :

« Par cette faveur singulière,
» Depuis lors on vit à Citeaux

» Tous les ans la terre légére

» S'épuiser en trésors nouveaux,

» Pour meubler les vastes caveaux

» Et l'office du monastére.

» Ces dons embellirent Clairvaux,

» Que dota ce révérend père

» De sa cuve aux huit cents ton-

    neaux (1).

» Mêmes goûts, même caractère

» Animoient ces ordres jumeaux.

» En suivant leur règle sévère,

» Tout noble moine et moinillon,

» Au teint pétri du vermillon,

» Ou de Citeaux ou de Cythère,

» Unissoit, sous le capuchon

» L'église, Amathónte et Florence.

» Enfans de Rome et de Paphos,

» Ils fleurissoient dans l'indolence,

» Et des sept péchés capitaux

» Goûtoient, sur un lit de pavôts,

» L'élixir et la quintecence.

---

(1) On voit encore à Clairvaux cette cuve immense, appelée la cuve de Saint-Bernard.

Saint - Bernard prêcha la seconde croisade à Dijon, monté sur un échafaud autour duquel se pressoient des milliers d'hommes accourus pour l'entendre : il distribuoit à tous ceux qui partoient pour la terre-sainte de petites croix d'étoffe qu'ils cousoient sur leur habit. L'immense provision qu'il en avoit apportée, ne suffisant pas, il mit sa robe en pièces, dans un transport de zèle, et l'employa toute entière à cet usage. Les cocardes n'étoient sans doute pas encore connues. L'on envoyoit des quenouilles et de la laine à ceux qui ne prenoient pas la croix.

À Dijon, sur quelques tréteaux,
Dressés autour de l'esplanade,
Dieu chargea par une ambassade,
Ce grand général de Clairvaux
D'armer la seconde croisade.
Là, barons anciens et nouveaux,

Doux bacheliers , beaux damoiseaux ,
Hauts chevaliers portant salade ,
Désertant donjons et châteaux ,
Y parurent en cavalcade ;
D'humilité firent parade :
Puis bien munis de l'accolade ,
Tous devers les bords provençaux
Partirent à la débandade.
Soit valeur , soit rodomontade ,
Chacun arboroit les drapeaux
Dont le bienfaiteur de Citeaux
Orna cette sainte brigade.
Touchés de motifs aussi beaux ,
Et d'un peu de fanfaronade ,
Tant de gueux et tant de héros ,
Aussi légers que des oiseaux ,
Se précipitent vers la rade
Et partent sur mille vaisseaux.

Les troupes chrétiennes eurent d'a-
bord quelques avantages ; mais dans la
suite ces armées indisciplinées furent
toutes taillées en pièce ; fruit ordinaire d'entreprises aussi mal conçues.
Saint-Bernard étoit resté prudemment

à Paris : il se consola des malheurs qui
accabloient les croisés, en publiant
une apologie dans laquelle il en attribue
la source à leurs péchés et sur-tout à
leurs *amours licencieuses*. Il n'en fut
pas moins regardé comme un oracle
du ciel. Plusieurs souverains avoient
été ses disciples : les têtes couronnées
ambitionnoient son suffrage ; du fond
de son cloître il dirigeoit l'esprit de
son siècle.

Tel fut le docteur *angélique* ;
Le monde tour à tour le vit
Dans la lice théologique,
Prédicateur, saint, bel esprit,
Et non pas fort grand politique.
Mais dans son immense crédit,
Il conclut la paix et la guerre :
Il ferma le ciel et l'ouvrit,
Et bientôt après le vendit
Pour quelques arpens sur la terre.
Jadis cet oracle des lois,
Régentoit le pape et les rois,

Du coin de sa retraite obscure.
Il se cachoit à tous les yeux,
Mais sa vertu rigide et pure
Subjuguoit nos simples ayeux.
L'Europe obéit sans murmure....
C'est ainsi que dans la nature
L'astre qui nous prête ses feux
Règle l'ordre constant du monde :
Bien qu'un horizon nébuleux
Cache son disque radieux
Sorti du vaste sein de l'onde.

Il est bien tems de quitter Saint-
Bernard pour la dernière fois. Nous
devrions vous entretenir de cette
grande et belle ville de Dijon, où nous
avons passé quelques jours ; mais
comme il ne nous y arriva rien de particulier, trouvez bon aussi que nous
n'ayons rien à en dire.

Nos affaires étant terminées en Bourgogne, nous nous sommes embarqués
sur la Saône : nous voici à Villefranche,
inondés d'une pluie affreuse qui dure

depuis trois jours , et fermés dans une chambre étroite , comme des Lapons dans leurs tannières. La pauvre petite ville de Beaujeu étoit autrefois la capitale du Beaujolois. Sire Humbert , qui bâtit Villefranche , jaloux d'y attirer un grand nombre d'habitans , leur accorda beaucoup de priviléges. Il donnoit aux maris , entre autres , *icelle autorité de battre femmes à outrance , pourvu que mort ne s'ensuive pas.* Ce seroit aujourd'hui un privilége funeste pour les maris ; les consolateurs ne seroient pas bien loin.

Un soir à souper , comme nous plaisantions sur ce trait historique , un de nos voyageurs , prenant tout-à-coup un ton d'inspiré , nous dit : Vous savez , messieurs , que j'ai toujours été le champion du beau sexe , et que plus d'une fois j'ai fait gloire de

rompre quelques lances en sa faveur.
L'étrange et cruelle charte du sire de
Beaujeu m'a donné de l'indignation
contre son déloyal auteur, et a redou-
blé mon amour pour ce sexe intéressant et foible qu'il outrageoit. Vous
avez été surpris sans doute de me
trouver aujourd'hui pensif et rêveur ;
mais j'ai eu besoin de recueillir tous
mes esprits pour travailler à la foible
apologie que je vous destine au dessert.
Mon projet est de la dédiér aux dames
du Beaujolois; elles pourront la présenter à leurs maris, s'ils avoient la fantaisie d'user du droit rigoureux qui
leur fut si gratuitement *octroyé* par le
farouche Humbert. En finissant cette
harangue, à laquelle nous applau-
dîmes, il tire de sa poche un rouleau
de papier, et récite ou plutôt dé-
clame, avec enthousiasme, la longue
pièce que vous allez lire.

J'adore ces beautés modestes
Qu'un dieu forma pour les plaisirs,
Que la pudeur et nos désirs
Environnent d'attraits célestes!
D'elles nous apprenons l'amour,
D'elles nous recevons la vie;
Fidèles comme à la patrie,
Pour elles nous perdons le jour.
Si, plus puissant, l'homme est l'arbitre
Et de leur sort et de leurs droits,
Plus tendre et par un plus doux titre,
La beauté l'enchaîne à ses lois.
De-là cet amoureux échange,
De-là cet aimable mélange
Dont se compose le plaisir.
Sans effort on sait obéir,
Quand la beauté, de la louange
Emprunte le pouvoir si doux;
Esclave d'une heureuse adresse,
L'on obéit à sa maîtresse,
L'on croit n'obéir qu'à ses goûts.
Modèles de délicatesse,
Quand elles prennent les pinceaux
Trempés dans les eaux du Permesse,
Les femmes n'ont plus de rivaux.

Jusques dans le fond de notre ame
Portant leurs regards curieux,
Elles peignent en traits de flamme
Ses replis cachés à nos yeux.
Tel on voit sur la fleur vermeille
Mille papillons voltiger,
Lorsqu'en ses calices l'abeille
Vient cueillir un parfum léger.
Jadis sur les pas de Thalie,
Les Corinnes et les Saphos
Moissonnoient aux champs d'Olympie
Les palmes du dieu de Délos ;
Amans de la philosophie,
Vous touchez l'esprit, non les cœurs ;
Froids admirateurs du génie
D'une science énorgueillie,
Vantez-nous moins les profondeurs.
Les femmes ont poli nos mœurs :
Malgré leurs charmantes erreurs,
Doux fruit d'une aimable folie,
Elles règnent par l'harmonie,
Par les tours brillans, la douceur
Et la grâce tendre et fleurie
Qui parent un style enchanteur,
Emblême de leur caractère.

Le sel piquant, l'améni[...]
Dont Apollon avoit doté
Le volage amant de Glycère (2),
Mêloient à la naïveté,
Au naturel inimité
De Sévigné, de Deshoulière,
La grâce et le goût épuré
Dont brilloit leur plume légère
Sous les yeux d'un siècle éclairé.
Mais lorsque la sage Emilie (1),
Naguère, un compas d'or en main,
S'élançant d'un vol plus certain
Dans les champs de l'astronomie,
Sondoit la profondeur hardie
De nos systêmes sourcilleux ;
Sa main, d'un astre radieux,
Traçoit la carrière infinie,
Et son génie audacieux
Parcouroit les plaines des cieux
Assis sur le char d'Uranie.

Aux yeux de la postérité,
La tendre Alceste, Bérénice,

---

(1) Horace.
(2) Madame Duchâtelet.

Et l'épo du sage Ulysse ,
Recevoient l'immortalité
Des mains de la foi conjugale.
Leur touchante simplicité
Fit de la couche nuptiale
L'autel de la fidélité.
Leur gloire n'eut pas de rivale.
Mais l'épouse de Ménélas (1) ,
Dont jadis la beauté fatale
Fit éclore mille combats ,
Descend sur la rive infernale ,
Le front couronné de cyprès :
La douleur flétrit ses attraits ;
Fille , épouse et reine coupable ,
Sa beauté fut bien moins durable
Que sa honte et que ses regrets.

Plein d'un noble transport , notre
Don - Quichotte alloit poursuivre la
brillante apologie du beau sexe ,
lorsque nous l'interrompîmes pour
l'engager à reprendre haleine. Ceci
peut être encore fort long , dîmes-

_____

(1) Hélène.

nous ; il est bon de nous reposer un instant , et de nous munir de quelques verres de vin de Bourgogne pour écouter le reste : son compagnon de voyage prit le papier de ses mains , et continua sur le même ton à parcourir l'éloge des femmes illustres auxquels tant d'hommes ont dû leur éclat.

Jadis la célèbre Aspasie ,
Au sein de lys , aux cheveux blonds ,
Parut dans Athènes ravie :
Socrate écoutoit ses leçons
Et sa fine plaisanterie ;
Quand au sein d'une heureuse orgie ,
L'amour , la gloire et la folie
Paroient ses cheveux de festons ;
Quand une jeunesse étourdie
Déposoit à ses pieds les dons
D'une charmante idolâtrie ;
Quand Alcibiade et Platon
Apprenoient dans ce sanctuaire

Le secret d'orner la raison
De l'art de toucher et de plaire.
Tous deux écoutoient sans façons
Cette morale familière,
Et courboient leurs augustes fronts
Devant une tendre écolière.
Mais tous les cœurs étoient émus
Quand les grâces montoient sa lyre,
Plein de ses accords ingénus,
Et du dieu brillant qui l'inspire ;
A l'aspect de ses charmes nus,
Périclès ne se souvint plus
De ses erreurs, de son délire,
Et des amans qu'elle avoit eu.
Il vit son orgueil abattu
Echouer devant un sourire.
Aspasie, au sein des vertus,
Donna des lois à sa patrie,
Et bientôt la Grèce attendrie
Vit dans la fille de Vénus,
La rivale de Polymnie.

Antoine vient briguer les fers
D'une reine qu'il idolâtre ;
Et succombant sous ses revers,

Il perd aux pieds de Cléopâtre
Rome , sa gloire et l'univers.
Mais Octavie abandonnée ,
Octavie au deuil condamnée ,
Lui tend une mourante main :
La sœur d'Auguste infortunée
Fait l'ornement du nom romain.

Telle à ton printems moissonnée ,
Sous un astre encor plus cruel ,
A peine à la terre montrée ,
O Julie ! épouse adorée !
O fille de César ! ô ciel !
Lorsqu'aux yeux de Rome trompée ,
L'hymen au sang du grand Pompée
T'unit par des nœuds solemnels ,
Tu fixois à ta destinée
Les destins de tous les mortels.
Dieux ! sous les regards paternels ,
De fleurs , de vertus couronnée ,
Et de héros environnée ,
Elle parut à vos autels !
Aussitôt la terre étonnée
Vit un instant sécher ses pleurs.....
Hélas ! sous ce trône de fleurs
La mort fatale est enchaînée ;

Et les doux flambeaux d'hymenée
Ornent de leurs pâles lueurs
La pompe de son mausolée !
La paix sur sa tombe immolée,
Cache Pharsale et ses fureurs !

Célébrons ce sexe adorable !
Sous ses traits on peint les vertus,
On peint les muses et Vénus,
Les grâces, la gloire et la fable !
Sans lui l'amour ne seroit plus !
Il plaît quand il est favorable,
Il plaît encore par ses refus.
Ses défauts le rendent aimable,
Mais tu l'embellis encor plus,
Fille du ciel, tendre innocence !
Il plaît le jour par la décence,
Par ses faveurs il plaît la nuit :
Il nous plaît par ses rigueurs même ;
Nous l'adorons lorsqu'il nous aime,
Nous le pleurons quand il nous fuit.
Mais lorsque de mille délices
Il vient enivrer ses amans ;
Si vaincu par leurs artifices,
Il leur permet ces doux momens.....
Ces momens si courts, si charmans,

Qui du bonheur sont les prémices :
Si la main d'un jeune vainqueur
Vient cueillir cette tendre fleur
Dont l'amour a fait sa parure ;
Dieu , quelle céleste rougeur !
En vain la pudeur en murmure :
Doit-il écouter la pudeur ?
Le plaisir bannit la douleur ,
Et l'amour guérit sa blessure.
Timide et craintive beauté !
Dans ces momens où la nature,
Sur l'autel de la volupté ,
Fait couler, d'une source pure ,
Des torrens de félicité ,
Ton amant est la créature ;
Toi seule es la divinité !

A notre retour, nous avons passé
à Châtillon, joli château bâti sur une
hauteur, au pied de laquelle coule
une petite rivière ; il est entouré de
vergers et de beaux jardins. Madame
d'A..... que nous espérions y voir,
ne s'y trouva plus ; elle étoit revenue

à Lyon avec·ses filles. Nous parcou-
rûmes long-temps ces boccages. Ga-
brielle !... Henriette !... Aglaé !...
ils étoient pleins de vous ! Sous ces
berceaux, avons-nous dit, rivales du
zéphyr, elles venoient, en robe du
matin, couper les premières fleurs du
chèvre-feuille. Je les·vois encore, à
l'ombre des cyprès, se livrer à des
confidences aimables ; découvrir, en
rougissant, les secrets de leur cœur,
et se donner, à l'envi, les baisers
les plus doux. Ce boccage est un
temple ; il est délaissé aujourd'hui.
Mais vous saurez, charmantes nymphes, que nous sommes venus vous
y chercher : avant d'en sortir, nous
avons gravé nos adieux sur l'écorce
d'un jeune tilleul :

Adieu, gazons délicieux,
Qui fûtes foulés par les Grâces ;

Adieu, bosquets silencieux,
Où l'on s'égare sur leurs traces.
Bosquets, couronnez-vous de f.eurs,
Et de nos plaisirs enchanteurs
Conservez l'empreinte légère.
On prendroit ce joli séjour
Pour Amathonte ou pour Cythère,
Si les Grâces, avec leur mère,
Y tenoient encore leur cour.

Il nous restoit à voir le mont Pila, le premier objet que nous nous sommes proposé dans notre voyage : à notre passage à Saint-Etienne-en-Forez, on nous a montré une des plus belles manufactures d'armes de France ; tous les arts sont réunis pour forger et polir ces armes meurtrières. Les femmes elles-mêmes passent leur vie au milieu des fourneaux ; elles manient les marteaux et la lime comme les hommes. Toute la ville nous a

d'abord paru sombre et enfumée de
la vapeur du charbon de terre : l'on
diroit qu'elle n'est habitée que par des
forgerons ; mais au travers de toute
cette poussière, on distingue bientôt
la politesse, le luxe et l'opulence.
Après y avoir passé une journée entière au milieu des enclumes et des
fourneaux, nous partîmes pour le
mont Pila, avec le plus beau tems du
monde.

Il est nécessaire cependant de vous
dire que monsieur de B.... qui avoit
beaucoup de parens et d'amis à Saint-
Etienne, et qui devoit faire le voyage
avec nous,

> En homme fort judicieux,
> Lesta notre frère nacelle
> De deux flacons très-précieux ;
> D'un vin blanc léger, qui des dieux

Auroit fait tourner la cervelle.
Car ce muscat, vif et charmant,
Agitant sa mousse enflammée,
Part et jaillit en écumant ;
S'exhale en brillante fumée,
Et retombe en perles d'argent,
Autour de la table charmée.
Pour biscuit et pour cargaison,
Une poularde assaisonnée
S'offrit à nos yeux, couronnée
D'une guirlande de cresson,
Et de perdrix environnée,
A côté d'un vaste jambon.

Le nom de Pila vient, disent les savans, de ce que le bon Pilate s'y retira sur ses vieux jours, et y bâtit une chapelle qui subsiste encore. Le peuple n'en doute pas. L'histoire de Pilate, hermite sur une montagne du Languedoc, est un fait *très-bien avéré*.

Les abords de la montagne sont

assez rudes. Nous grimpâmes long-
tems de rochers en rochers, par des
sentiers étroits, taillés dans le roc vif,
conduisant nos chevaux par la bride,
avec précaution. A tout moment,
quelqu'objet nouveau venoit distraire
et charmer nos regards. — Ici, c'est
une roche éboulée et toute en ruines ;
plus loin, une cabane, un petit ver-
ger, et quelques ceps de vigne au
bord d'un précipice. Là, c'est un bou-
quet de grands arbres, une chapelle
rustique, un petit pont suspendu sur
un abîme. Ces troupeaux répandus sur
les pelouses de la montagne, ces
groupes d'enfans, cette jeune fille,
assise à la cîme d'un rocher, offrent
à chaque instant, à nos yeux, un
spectacle aussi varié que pittoresque.

Nous sommes arrivés, vers le milieu

lieu du jour, dans une immense forêt de sapins. En entrant dans ces bois, où le soleil ne pénétra jamais, on ne peut pas se défendre d'un recueille- ment involontaire. Cet ombrage sombre et mélancolique ; ces sapins antiques et vénérables ; cette route tortueuse, cette fraîcheur, cette obscurité, ce silence...... vous plongent insen- siblement dans une rêverie volup- tueuse. Comme les mousses dévorent ces jeunes branches, et dépouillent ces troncs lisses et polis ! Voilà, sur le penchant de ce roc allongé, un de ces énormes mélèzes déraciné par l'orage ; il a brisé, dans sa chute, les jeunes arbres qui croissoient sous son ombre ; image d'un homme puissant, qui en- traîne, dans sa disgrace, tout ce qui l'approche. Voyez ce sapin, que la hache vient d'abattre ; il dominoit sur

toute la forêt : le voilà renversé ce
bel arbre, dont naguère

La tige immortelle s'élance
En pyramide dans les airs,
Et dont les rameaux toujours verts
Triomphèrent de l'inclémence
Et des glaces de mille hivers.
L'orgueilleux enfant de la terre
Portoit sa tête jusqu'aux cieux;
Son tronc fort et majestueux
Bravoit les vents et le tonnerre,
Un ennemi plus dangereux
Vient de lui déclarer la guerre :
L'acier jaloux, de mille traits
A frappé sa tige superbe ;
Et l'antique roi des forêts
Est aujourd'hui caché sous l'herbe.

Le sommet du Pila présente l'aspect le plus agréable ; c'est une prairie
tapissée d'un fin gazon ; émaillée de
mille petites fleurs qui éclosent toutes

à la fois au commencement de juillet.
Le froid et la neige les retiennent pri-
sonnières dans leur bouton jusqu'à
cette époque : mais alors on voit fleurir
tout ensemble les plantes printanières
avec celles d'automne. Vous rencontrez
çà et là des pelouses de pervenche,
d'asphodèles, de violettes et de pri-
mevères, qui étalent des fleurs de
pourpre et d'or, à côté d'un narcisse
dont la blancheur éclatante est relevée
par une frange aurore. Ailleurs, ce
sont des touffes de renoncules, d'ané-
mones, de giroflées et de petits œillets
couleur de feu. Nous avons vu l'*aconit*,
ce poison violent dont les anciens
trempoient la pointe de leurs flèches,
pour en rendre la blessure mortelle.
Une foule de plantes rares qui croissent
sur le mont Pila y attire sans cesse
des apothicaires, qui recherchent in-

distinctement les herbes salutaires et
les poisons : mais les fleurs semblent
se flétrir entre les mains de ces pro-
fanes, dont le vaste génie s'élève jusqu'à les piler dans un mortier ou à les
distiller dans un alambic.

Nous avons rencontré dans cette
prairie un botaniste fort distrait ; à
peine daigna-t-il faire attention à
nous, jugeant bien que nous n'étions
pas venu partager ses doctes recherches. Il étoit profondément occupé à
vérifier le sexe d'une fougère : une
demi-heure après, il nous aborda d'un
air plus riant ; il nous apporta sa
fougère toute disséquée, et nous an-
nonça, dans un transport de joie,
qu'elle étoit femelle.

Voulez-vous voir le Pila dans toute sa
pompe? attendez cet orage qui se forme
autour de son sommet ; une obscurité

profonde, un murmure sourd et lu-
gubre règne sous les sapins dont le
vent agite les cîmes. Un cordon de
nuages épais ceint la montagne de
toutes parts ; ils portent la foudre dans
leur sein. —En ce moment, venez vous
asseoir sur cette pierre blanche qui
s'avance du côté du nord, vous verrez
sur votre tête un ciel pur et serein,
tandis que l'orage gronde sous vos
pieds, et que des torrens de pluie
ébranlent les chaumières au fond des
vallées; vous vous écrierez à votre tour :

« *Sub pedibus videt nubes et sidera*
Daphnis ».

Les passans trouvent sur la montagne un asile dans une pauvre maison
qu'on appelle la grange de Pila : l'intérieur en est fort mal-propre, et les
environs en sont fort tristes. Le froid

E 3

y est si vif, même dans les mois d'été,
qu'on n'y recueille ni fruits, ni vin,
ni blé, ni jardinage d'aucune espèce.
La volaille ne peut point y exister :
l'on n'y vit que de beurre et de laitage.
Cette grange est située dans une prairie
où règnent presque toujours des brouil-
lards si épais, qu'il est souvent impos-
sible de la retrouver quand on s'en
éloigne à cent pas.

Nous y entrâmes à la lueur d'un
jeune sapin dont on avoit mis la tige
toute entière au travers du feu. Une
vingtaine de fusils chargés à balle,
composent l'arsenal de cette maison
qui craint également les approches
des voleurs et des loups. Quelques
pâtres vigoureux en forment la garni-
son, et les apprêts grossiers d'une
laiterie en font tout l'ameublement.
On y voit cependant une chambre un

peu moins mal-propre ; c'est celle où furent reçus J.-J. Rousseau, messieurs de Jussieu, Dulac, de Fleurieu et d'autres personnes distinguées que l'amour de la botanique amenoit à Pila. Leurs noms illustres sont charbonnés sur la muraille, parmi les noms obscurs d'une foule de muletiers d'Auvergne. De nombreux troupeaux de chevaux, de mules, de vaches, de taureaux et de chèvres, font toute la richesse de cette petite colonie. De forts mâtins rodent jour et nuit autour de ces animaux, pour ramener ceux qui s'écartent. Une douzaine de pâtres, que nous vîmes assis en rond dans la prairie, nous parurent des drôles de fort mauvaise mine : voilà pourtant ces hommes que les poëtes nous peignent comme des doucereux, qui soupirent éternellement. Que diroient les

Mélybée, les Tytire, les Corydon,
s'ils voyoient comme nous l'équipage
grotesque et la rustique collation de
leurs successeurs.

> Ce n'est point là, sans médisance,
> Ces bergers galans et discrets,
> Ces bergers remplis d'élégance,
> Peints par Virgile ou par Ségrais ;
> Car ces messieurs, pour tous potages,
> A l'air appétissant et frais
> De ces fertiles pâturages,
> Buvoient de l'eau dans leurs cornets,
> Rioient et digéroient en paix
> Leur gros pain bis et leurs fromages.

Au levant du Pila règne une émi-
nence ou colline hémisphérique, qui
en domine le sommet : elle paroît aujourd'hui comme une boule de neige
qu'on aperçoit de très-loin ; elle nous
annonce que les frimats vont descendre
dans nos plaines. A peine y rencontre-

t-on, en hiver, les traces de quelques
animaux sauvages qui parcourent la
nuit cette solitude. Les rochers, nus
et dépouillés, y forment des arcades
soutenues par des colonnes de glace,
qui réfléchissent au soleil les plus vives
couleurs. Mais lorsque nous le vîmes à
la fin de juin, l'air y étoit doux et tem-
péré : le pied de la colline étoit tapissé
d'arbustes et de fleurs de toute espèce.
C'est là qu'on embrasse du même coup-
d'œil plusieurs villes fort éloignées,
Condrieux, Valence, Mont-Brison,
Saint-Chamond, Vienne, Lyon, Mont-
Luel. L'œil parcourt sous le même horizon les montagnes d'Auvergne, les
rivages de la Loire, le Beaujolois, le
Forez, le Mont-Jura, les montagnes
du Dauphiné, peuplées de daims et de
chamois. La vue se repose dans l'éloi-
gnement sur la chaîne des hautes Alpes,

E 5

couronnée par le Mont-Blanc, qui élève jusqu'au ciel ses pointes chargées de glaces éternelles.

Nous fîmes dans cet endroit, sous les chênes verts, un repas champêtre, comme on en faisoit dans l'âge d'or : une très-jolie fille nous apporta de la grange, du lait, du beurre frais, de la crême et du miel exquis. C'est au printems qu'on dépouille la ruche de ses rayons de miel ; c'est au printems que la nature le forme,

Quand Flore, aux suaves haleines,
Accourant des rives lointaines,
Où l'hiver bornoit ses destins,
Epouse le dieu des jardins,
Et d'un vert plus frais peint nos plaines.
Elle épand de ses belles mains
Les fleurs qui parent sa corbeille,
Et réserve aux plus doux larcins
Ce nectar qu'une jeune abeille,
Humide des pleurs du matin,

Cueille dans la fleur du jasmin ,
Au moment qu'aurore l'éveille.
Au gré de cet instinct heureux ,
L'abeille , sur les fleurs mi-closes ,
Vient , par son murmure amoureux ,
Hâter les boutons paresseux
De la tubéreuse et des roses.

Notre jolie pourvoyeuse nous servit à table , c'est-à-dire sur le gazon. A son air ingénu , à sa chevelure relevée sous une capotte de paille , à ses pieds nus , on reconnoissoit une bergère ; mais à ses grands yeux bleus , pleins de modestie, et à son teint éblouissant, on l'eût pris pour une nymphe. M. de B..... lui dit quelques cajoleries qu'elle comprenoit fort peu : il s'expliqua mieux en partant , et lui donna, devant nous, deux ou trois baisers pour étrennes.

Nous descendîmes vers le soir dans

un vallon sauvage et inculte, où l'on voit, chemin faisant, les mines de plomb de M. de Blumeinsteing, cet homme intéressant et modeste, qui a voyagé dans toute l'Europe pour perfectionner son art. Aujourd'hui, dans une belle vieillesse, exempte d'infirmités, il possède encore l'activité et les grâces d'un jeune homme;

> Et comme un beau soir sans nuage;
> L'ami des arts et des talens,
> Blumeinsteing, cet aimable sage
> Conserve, au déclin de ses ans,
> L'heureux enjoûment du bel âge,
> Et la fraîcheur de son printems.

Nous sommes arrivés le lendemain dans notre asile; c'est là que nous sommes occupés à vous écrire. Cette maison est située au bord du Rhône, qui forme quelques petites îles dans son sein, et se divise en plu-

sieurs branches, toujours couvertes de
bateaux de pêcheurs, et tout entou-
rées de bocages verts. Tel est cet endroit solitaire,

Où, majestueux et rapide,
Errant de détours en détours,
Le Rhône, d'une onde lympide,
Embrasse nos riants séjours.
L'œil suit ses ondes fugitives
Entre les saules argentés
Qui par-tout couronnent ses rives.
Par-tout les dryades craintives
Offrent à vos yeux enchantés,
Au pied des mobiles feuillages,
Un autre ciel, d'autres rivages
Dans les flots tremblans répétés.
Lieu chéri, séjour délectable !
Comble de tous tes agrémens
L'Epicurien adorable
Dont tu recèles les talens !
Il brille au cabinet, à table :
A Paphos il fut en tous tems
L'un des plus volages amans,

Et c'est l'ami le plus aimable.
Dans son printems , loin de Paris ,
Il sait avec délicatesse
Couler au sein de ses amis
Ses jeunes loisirs embellis
Par les maximes de Lucrèce.
L'étude et les arts réunis ,
Les plaisirs l'occupent sans cesse.
Enfant d'Euclide et d'Apollon ,
Tour à tour d'une main légère
Il prend le compas de Newton ,
L'écharpe du divin Platon ,
La guittare d'Anacréon
Et le luth brillant de Voltaire.

Mais ce séjour seroit encore plus
embelli, si vous vous décidiez à venir
l'habiter quelque tems : nous faisons
à cet égard des vœux superflus. Les
charmes de la ville vous retiennent
dans leurs liens : vous dédaignez notre
cabane et ses simples agrémens. Vous
seriez touchés peut-être de sa position

riante et du tableau pittoresque de ses
environs ; vous aimeriez comme nous
ces beaux rivages du Rhône , qui étalent à nos yeux deux petites villes , des
hameaux, des prairies et des bois. La
vue se repose , dans le lointain , sur les
ruines du château d'Albon, ancien séjour des dauphins qui régnoient sur
nos pères. Là , parmi des décombres
et des ruines , une tour isolée s'élève
sur la croupe de la colline : elle semble
encore , dans son attitude imposante,
dominer sur les pays d'alentour. Aujourd'hui la perdrix rouge habite paisiblement le palais des dauphins. Ces
créneaux, autrefois hérissés de lances
et de flèches, ces murs respectés par
la guerre, sont couverts de gazons,
d'arbustes et de lierre, qui achèvent
de les renverser.

Tel est le point de vue de la maison

où nous sommes confinés, et où nous faisons aujourd'hui notre principale occupation de ne rien faire.

Paisible et solitaire asile!
Dans tes champs aimés de Palès,
Où le sombre hiver nous exile,
On coule des jours pleins d'attraits,
Enflammés de la double ivresse
De Bacchus et du dieu du jour,
Nous y consacrons tour à tour
Quelques heures à la paresse,
Quelques instans à la sagesse
Et quelques rimes à l'amour.
Et vous dans l'aimable Lutèce,
Et vous messieurs les beaux-esprits,
Que faites-vous donc à Paris,
Au cœur d'un hiver incommode?
Sur la guerre et sur les pompons,
L'agriculture et les chansons,
Allez vous faire un nouveau code,
Et prendre habilement le ton
De Lucullus ou de Caton,
Pour être toujours à la mode?

Videz-vous quelques beaux flacons
De Tokai, d'Aï, de Madère,
Ou de votre flûte légère
Tirez-vous encore ces doux sons
Dont Vénus s'amuse à Cythère ?

Quant à nous, c'en est fait, nous
disons adieu pour toujours à la poësie;
et si nous faisons encore notre cour à
Apollon, ce sera en lisant vos vers.

Voici l'abjuration formelle que l'un
de nous, en particulier, vient d'a-
dresser aux muses.

Adieu, je vole dans les camps,
Adieu muses, je me retire,
Je renonce à ce doux empire
Que vous exerciez sur mes sens.
Je fus trop facile à séduire :
Foible déserteur d'Hélicon,
A vingt ans je suspends ma lyre
Aux murs du temple d'Apollon.
Ma main rétracte ses promesses,

Et dans ma plus tendre saison,
Mon cœur sevré de vos caresses,
Immole à la saine raison
Et vos plaisirs et vos foiblesses :
Comme on voit ces preux chevaliers
Porter en leurs douces retraites
Et leurs armes et leurs lauriers,
Quand la gloire a blanchi leurs têtes
Sous le faix des travaux guerriers.

Pour moi, dont les lys du Permesse
Touchent moins les goûts inconstans
Que les roses de la paresse ;
Si je vous fuis dans mon printems,
Muses que j'adorois sans cesse,
Peut-être à quatre-vingt-dix ans
Sur les traces de Saint-Aulaire,
Je viendrai cueillir dans mon tems
Ces fleurs dont la belle Glycère
Entrelassa ses cheveux blancs :
Peut-être à mes derniers instans
Je vous offrirai des trophées
Ornés de lauriers éclatans,
De myrthe et de roses jonchées.

Pour vous, messieurs, qui nés sou

un astre plus heureux, pouvez cultiver
tous vos amis, et allier tous les plaisirs à la fois,

> Buvez, combattez tour à tour ;
> Courtisez toujours la victoire,
> Caressez encor chaque jour
> Les muses, l'amour et la gloire.

Fin du Voyage.

LETTRES

SUR

L'ITALIE

ET

L'ALLEMAGNE,

ET AUTRES PIÈCES

DÉTACHÉES.

VERS

ÉCRITS A UN DE MES AMIS,

Pendant une longue maladie.

Vous la voyez donc tous les jours,
L'aimable et douce Adélaïde !
Et moi, dans un repos perfide,
Hélas ! je languirai toujours !

L'esprit avec la modestie,
La raison avec la folie
Parent ce séjour enchanté,
Où, dans le sein du doux sourire,
Dans les bras de la volupté,
La sagesse tient son empire.

Que nos destins sont différens !
La douleur de ses traits cuisans
Répand sur moi l'amertume cruelle.
A peine à la fleur du printemps,
Je touche à la nuit éternelle ;
Et déjà son ombre mortelle
Vient obscurcir mes tristes jours.
Hélas ! à la sensible Adèle
Faut-il dire adieu pour toujours ?
Ah! mourir à vingt ans, et mourir si loin
d'elle ;
Et voir mes jours tranchés de la main des
Amours !...
Dieu ! que ne puis-je encore A la rose nou-
velle,
Unir ces myrtes gracieux,
Et couronner ses beaux cheveux
D'une guirlande printanière !

Rose aimable, je veux que ton bouton nais-
       sant
    Vienne sous la gaze légère,
    Parer son sein éblouissant,
Qui palpite déjà d'un trouble involontaire,
Et nous fait ressentir le trouble qu'il ressent.
Bouton charmant, c'est là que vous devez
      éclore ;
    Mais vous ne verrez qu'un matin. —
Hélas! dussé-je aussi ne vivre qu'une aurore,
Roses, je porte envie à votre heureux destin.

    Ah! comme ma bouche ravie
    Recueilleroit quelques soupirs,
    Que la tendre mélancolie
    Arrache en secret aux désirs !
Comme mon ame errante aux portes de la
      vie,
    S'exhaleroit dans le sein des plaisirs !
Non, non, j'en crois cette flamme fi-
      delle,
    Qu'un dieu rallume dans nos cœurs :
    Au retour des premières fleurs,
Je dois la voir encor plus touchante et plus
      belle ;
    Je dois venir à ses genoux,

Implorer sa grâce charmante,
Voir expirer tout son courroux ;
Et tous ses reproches jaloux
Mourir sur sa bouche riante.

Mais vous la voyez tous les jours !
Et moi, dans un repos perfide,
Hélas ! je languirai toujours,
Loin de ma douce Adélaïde !

L E T T R E

AU CITOYEN D..... A PARIS.

Milan, le 30 pluviose an 5.

Vous voilà dans ce beau Paris ;
Dans le pays de l'élégance,
Des badauts et des beaux-esprits,
Des beaux-arts et de l'ignorance,
Des trésors et de l'indigence,
Des poissardes et des houris ;
Où tous vos jours, enfans des Ris,
Sont consacrés à l'inconstance.

Un

Un homme aimable , avec des sots ;
Des pédans, avec des bons mots ;
Le vernis de la politesse ,
Auprès du cynisme effronté ;
Le manteau de l'austérité,
Et les charmes de la mollesse ;
Voilà pourtant en raccourci ,
Voilà ce Paris qu'on renomme ,
Et que vous verrez enrichi
des trésors de l'ancienne Rome.

Mon cher D.... allez voir l'Apollon
du Belvédère ; en vérité, vous lui devez une visite par reconnoissance , il
trouvera, sans doute, son séjour bien
changé.

Ce dieu qui, naguère à Paris,
Recevoit l'encens de la terre,
Doit être aujourd'hui fort surpris
De s'y voir prisonnier de guerre.

Mais c'est là un des effets de la ré-
volution, qui a dérangé bien d'autres
divinités. Apollon ne verra point à

F

sa cour monsieur l'abbé Delille, un
de ses plus chers favoris. Peut-il être
encore jaloux de conserver ce titre,
depuis que le dieu de la lumière et de
la médecine a permis qu'il devînt
aveugle ? Ces accidens-là arrivent quelquefois aux grands poëtes : témoins
Homère, Ossian, Milton et Chaulieu.

Vous visiterez sans doute ces col-
lections qu'on envoie de Flandres et
d'Italie ; ces beaux tableaux de Hol-
been, de Vandick et de Rubens ; et
cette Vierge du Corrège ; et cette Fortune du Guide ; et cette Communion
de saint Jerôme, du Dominiquin ; et
la Transfiguration de Raphaël ; et la
Cléopâtre, et le Torse, et le Laocoon.
N'oubliez point ces Muses si jeunes,
si délicates, si nobles, qui ont reçu du
ciseau grec ce caractère de pureté et
de grâces, ces formes élégantes, qui

nous rappellent les muses athénien-
nes.

Vos yeux semblent désirer encore
quelque chose : où est donc le chef-
d'œuvre de la sculpture ?

Ah ! si des Médicis la célèbre Vénus
Ami, n'a pas suivi cette troupe immortelle,
Vous verrez à Paris la jeune Cab........s,
Cent fois dans ses beaux jours, plus brillante
   et plus belle.
 ET vous aussi charmant Antinoüs,
 Vous venez donc encourager en France
 Ces goûts pervers trop connus à Florence,
 Dans nos climats grâce au ciel inconnus,
 J'en suis fâché ; de bon cœur je condamne
 Et vos plaisirs, et cet amour profane
Dont on vit les héros et les dieux immortels
Encenser, tour à tour, et parer les autels,
Sans afficher jadis une pudeur stérile,
Hercule, Jupiter, le divin Apollon,
Socrate, Lucullus, Auguste et Pollion,
Rendoient à tous leurs vœux la morale docile.
Mon cher Anacréon, je ne pardonne pas
Vos amours tant vantés avec le beau Bathille ;
J'aime bien mieux Ovide effleurant les appas

D'une beauté tendre et nubile.
L'élève fortuné de Mars et de Cypris,
Connut aussi, dit-on, ces différentes flammes;
César fut tour à tour, au sein de ses amis,
La femme de tous les maris,
Le mari de toutes les dames.

En vérité, l'Antinoüs n'auroit pas dû quitter l'Italie. Votre esprit conciliant ne s'effarouchera pas de cette morale relâchée, qui faisoit lever les épaules au sage Zénon.

Les Vers *suivans furent envoyés au gé-*
néral Bonaparte, *après la prise de*
Mantoue, lorsque jaloux de consacrer
son respect pour la mémoire de Vir-
gile, il dispensa le village de Pietoli
de toute espèce de contributions, pour
avoir été le berceau de ce grand poète,
et manifesta le désir d'élever un monu-
ment simple et touchant sur le lieu de
sa naissance.

PÉTITION DE VIRGILE
AU GÉNÉRAL BONAPARTE.

Hic viridis, tenerâ prætexit arundine ripas,
Mincius. . . . .
Primus, idumæas referam tibi, mantua, palmas,
Et viridi in campo templum de marmore ponam.

VIRGILE.

———————

Dans l'asile amoureux des bois élyséens,
Parmi les doux parfums d'une rive fleurie,
Virgile entre les dieux, les belles, les Romains,
Entre l'heureux Tibule et la tendre Délie,
Coule, près de Vénus, des jours purs et sereins.
Tandis que vous cueillez les palmes d'Italie,
Souffrez qu'ici, sans crainte et sans ambition,
Dans ces vœux modérés, que la raison avoue,
Représente humblement le cygne de Mantoue (1),
Et souscrivez, de grâce, à sa pétition.

F 3

O souvenirs rians dont la douceur m'enchante !
Sous les murs de Mantoue, entre *mille roseaux*,
Un lac paisible et pur étend ses claires eaux (2).
Là, dans mes premiers ans, d'une rame incons-
        tante,
J'effleurois le crystal d'une eau paisible et lente,
Aux accords de ma lyre, aux chants de mille
        oiseaux.
Et lorsque du printems l'haleine fortunée,
Zéphyre, aux mains de rose, au visage fleuri,
Venoit r'ouvrir à Mars le cercle de l'année,
Et versoit les trésors sur ce vallon chéri,
Ma barque, au gré des vents, mollement inclinée,
Secondoit tour à tour mes caprices divers ;
Une voûte de fleurs lui prêtoit son ombrage :
L'olivier, le lilas, avec les myrthes verts,
Jonchoient, par-tout, ses bords de leur tendre
        feuillage,
Dont les festons légers s'élancent dans les airs.
Là, dans une forêt des peuples révérée,
S'élevoit une grotte aux muses consacrée,
Retraite du silence, où mes doigts incertains
Moduloient au hasard, sur la flûte champêtre,
Tous ces airs que m'apprit Théocrite mon maître,
Tous ces chants que j'appris à mon tour aux Ro-
        mains.
C'est dans ces bois qu'un jour égaré sur ses traces,
Ma muse, jeune encore, a reçu d'Apollon
Ces crayons élégans et taillés par les grâces,

Dont Homère peignoit le fils de Télamon,

Hélène au sein d'albâtre, Ulysse, Agamemnon;

Apollon m'apparut : à sa voix si touchante,

A tout l'or dont brilloit une tresse ondoyante,

A l'éclat immortel qui couronne son front,

Je reconnus d'un dieu la présence imposante.

« Viens, dit-il, avec moi, sage fils de Maron,

» apprendre l'art des vers dans mes leçons sa-

   vantes ;

» Jusqu'aux astres bientôt j'élèverai ton nom :

« Je couvris ton berceau des fleurs les plus bril-

   lantes ;

» Je t'offre dans ce jour le sceptre des beaux arts ;

» Ta muse va chanter l'empire des Césars,

» Les combats des héros, les bergers, la nature,

» Les douceurs de l'amour et les fureurs de Mars.

» Homère à chaque instant doit fixer tes ré-

   gards (3),

» Mais tes vers brilleront d'une beauté plus pure.

» C'est moi qui conjurai les destins rigoureux

» D'adoucir pour toi seul leurs décrets orgueil-

   leux ;

» Pour toi seul de Vénus j'empruntai la ceinture :

» Les grâces en riant t'apportent leur parure (4) ;

» Et tes accords touchans vont parmi les mortels

» De mon culte aboli relever les autels;

» Que l'univers, aux sons de ta voix noble et

   tendre,

        F 4

» Plein d'un charme inconnu s'arrête pour l'entendre.

» Peins Didon expirante et fais gémir l'amour ;

» Chantes-nous les adieux de Pallas et d'Evandre.

» Ton ombre fortunée au céleste séjour,

» De tes savans concerts, enfin viendra surprendre

» Les mortels glorieux qui composent ma cour,

» Un laurier toujours vert renaîtra de ta cendre (5),

» Les grâces, et les dieux veilleront à l'entour ;

» Lorsqu'un jeune héros, émule d'Alexandre,

» Viendra dans ces climats ramener les vertus,

» Et les arts des Romains avec eux disparus ;

» Sur son front révéré siége l'honneur tranquille :

» Il voit autour de lui, d'un regard immobile,

» Se briser tous les flots de l'orgueil abattu.

» Conjurés pour sa perte, et Bellone et Neptune

» Armeroient follement leurs courroux superflus,

» Et tous les cœurs jaloux que sa gloire impor-
   tune :

» Les destins à sa voix enchaînent la fortune ;

» Elle guide son char et ne le quitte plus.

» Attends de ce héros un respect moins stérile :

» Tes citoyens charmés connoîtront ses bienfaits ;

» Par lui tu reverras fleurir dans cet asile

» Au milieu des combats, tous les dons de la paix ;

» Sa main doit réunir sur les rives d'Andès (*)

» Les palmes de César aux palmes de Virgile ».

(*) Lieu de la naissance de Virgile.

Les tems sont arrivés : un nouveau siècle d'or
Par vos soins généreux pourra renaître encor.
Mais ces rives jadis des muses délaissées ,
D'épines et de fleurs , de débris hérissées ,
N'offrent plus qu'un désert à l'œil des voyageurs :
Rendez-leur, par pitié , leurs antiques splendeurs !
Dans mon siècle à la fois plus propice et plus
    juste ,
Si mon nom respecté de nos triomphateurs ,
Au théâtre en obtint la pompe et les honneurs
Qu'arrachoit au devoir la puissance d'Auguste ;
J'ai conservé ces droits acquis sur les grands
    cœurs :
Ma gloire attend de vous un plus brillant hom-
    mage (6) ;
Consacrez dans ce lieu simple encore et sauvage ,
Parmi ces bois épais de chênes , d'oliviers ,
Un autel de porphyre , un doux et simple om-
    brage ,
Digne de vous , de moi , digne de vos guerriers ,
Si vous l'embellissez d'un seul de vos lauriers.

Notes sur la pièce précédente.

(1) *Représente humblement le cygne de Mantoue.*
Cette ville est la patrie de Virgile : il y passa les
premières années de sa vie. Il en a célébré plu-

sieurs fois les agrémens. La maison de cet illustre
poëte étoit à deux milles de Mantoue, dans le
village d'Andès, qui porte aujourd'hui le nom
de Pietoli. La Virgiliana est une grande habita-
tion toute délabrée, qui n'a d'autre mérite que
d'être située dans l'emplacement de celle de Virgile. Un paysan qui nous accompagnoit dans nos
recherches, nous assura qu'il n'y avoit guères
que cent vingt ans qu'il l'occupoit encore : il
crut devoir nous mener ensuite dans un endroit
qu'on appelle la grotte. C'est là, nous dit-il,
que Virgile se retiroit pour étudier plus en liberté. Nous cueillîmes quelques fleurs sauvages,
qui naissent dans ces ruines embellies par le sou-
nir de sa muse.

(2) *Un lac paisible et pur étend ses claires eaux.*
Peu de tems après le siége de Mantoue, j'ai fait,
au printems, une promenade charmante sur le lac.
Je revenois de la Virgiliana ; j'aperçus parmi les
saules, au bord de l'eau, quelques filets suspendus
au soleil : un petit bateau de pêcheurs s'offroit
auprès d'une cabane. Les pêcheurs me reçurent
dans leur canot ; j'errai long-tems avec eux sur le
Mintio : des milliers d'hyrondelles de mer ra-
soient la surface du lac, et formoient, par leur
plumage argenté, un contraste frappant avec le
noir d'ébène des foulques et des macreuses qui le

sillonnent. Tous ces oiseaux se livrent en paix à leurs amours sur ces rivages , d'où le bruit du canon les avoit exilés pendant plusieurs mois. Cette soirée me parut délicieuse. Assis sur des filets , je jouissois dans ce moment d'un plaisir pur et tranquille , que de légères inquiétudes pour l'avenir pouvoient seules altérer. Ainsi dans les plus beaux jours , on voit quelquefois un nuage à l'horizon , qui annonce un orage encore éloigné.

L'on aperçoit de tous les points du lac , la ville de Mantoue , qui s'élève au milieu des ses eaux bleuâtres , couronnée d'un vaste dôme , et d'un triple rang d'artillerie. On éprouve une émotion forte en approchant de ces remparts énormes , où règne un profond silence , et où sont disposés des mortiers , des fourneaux et des pyramides de boulets. Quatre mille hommes ont péri dans Mantoue par la famine et par le scorbut. Ses malheureux habitans portent encore sur le visage les marques de leur constance honorable , et de leur longue défense. Que de larmes , que de désastres, et de gloire !

(3) Homère à chaque instant doit fixer tes regards. Virgile sans doute a moins de force , moins d'élévation qu'Homère : il n'a pas ses élans sublimes, mais il n'a pas non plus ses chûtes fréquentes : il n'a pas toutes ses beautés, il est vrai ; mais il l'emporte sur lui par la délicatesse et la pureté

du goût. Homère , dans son siècle , se livroit à l'essor de son génie : l'art étoit dans son enfance et probablement le père de la poésie n'avoit pas de modèles devant les yeux. Virgile au contraire écrivoit dans une cour éclairée , composée des plus beaux génies de ce siècle : Quintilius , Pollion , Mécène , Varius , Tibulle , Auguste lui-même , étoient ses protecteurs ou ses amis , et les juges de ses ouvrages.

(1) *Les grâces en riant t'apportent leur parure.* Les anciens nous ont peint Virgile comme un homme simple et paisible , d'un caractère modeste et doux. L'innocence de ses mœurs , l'amour de la solitude et sa timidité naturelle lui firent donner le surnom de vierge. Il fuyoit la cour; il craignoit le fracas de Rome , où son génie lui attiroit tant de distinctions. Un jour , en le voyant entrer au théâtre de Pompée , tout le peuple se leva par respect pour ses rares talens. On ne rendoit un pareil hommage qu'à l'empereur , cette déférence unanime d'un grand peuple à l'égard d'un simple particulier , nous annonce à quel point les Romains portoient encore le sentiment du génie et de la vertu.

Virgile étoit asthmatique et valétudinaire : il ne buvoit pas de vin ; la douceur du climat de Naples convenoit à la foiblesse de sa santé. C'est dans cette ville qu'il composa presque tous ses ouvrages. Une partie du peuple grossier de Naples le regarde encore aujourd'hui comme un célèbre sorcier, et l'autre comme un grand saint. La populace, à qui son nom n'est point inconnu, en parle, comme d'un ancien roi qui a fait les choses les plus extraordinaires. Il creusa par ses enchantemens cette grotte étonnante qui traverse la montagne de Pausilippe. Il avoit fondu avec un art magique un cheval d'airain, dont on voit encore la tête au palais Caraffa.

Les Ciceroni qui vous accompagnent dans les environs de Naples, vous montrent le long du rivage de Pausilippe, des ruines baignées des eaux de la mer, qu'ils appellent *le Scuole di Virgilio*. C'est ici, ajoutent-ils, qu'il disoit sa messe et qu'il venoit prendre son chocolat. Telles sont les erreurs grossières dont le peuple italien est imbu au sujet de cet homme célèbre.

(ç) *Un immortel laurier renaîtra de ta cendre.* Le tombeau de Virgile, que j'allai voir à Naples, est situé, dans un jardin, sur le penchant de la colline de Pausilippe, au-dessus même de l'ouverture de la grotte de Pouzzoles, à gauche. C'est un petit édifice de forme pyramidale, tout dépouillé des ornemens de bronze et de marbre dont il étoit enrichi. Ce monument sépulchral est caché sous une touffe de gazon, de buissons et d'arbustes qui croissent dans ses ruines. Un laurier a pris

racine dans cette voûte, qu'il pare de son
feuillage toujours vert : mais ce laurier a été
coupé il y a deux ans ; je n'en ai plus trouvé que
de foibles rejettons ; j'en ai détaché une feuille ;
j'ai ramassé quelques violettes qui parfument ce
tombeau solitaire. Elles rappellent le *Pallentes.*
v olas de Virgile. Tant qu'elles fleuriront dans
ces climats, son nom restera cher aux hommes.
Virgile tu n'appartiens plus qu'à la nature et à
la gloire !

(1) *Ma gloire attend de vous un plus brillant hommage.*
Les vœux de ce grand poëte ont été remplis : une
pyramide de marbre et des boccages verts s'élèvent
aujourd'hui sur le lieu de sa naissance. Le buste
de Virgile et ses plus beaux vers décorent cet
élysée. L'académie et la ville de Mantoue en ont
fait la consécration, avec une pompe solemnelle.
Un grand concours d'étrangers et de femmes aimables, rendit cette cérémonie très-brillante.
Mais la guerre respectera-t-elle toujours ce monument de l'admiration ?

Qu'on me pardonne la longueur de ces détails
en faveur du nom de Virgile, de cet homme dont
les ouvrages feront toujours les délices des ames
tendres et généreuses, malgré les révolutions des
tems, des arts et des langues.

Lettre *au citoyen* D....r.

C'est à Triest que se terminent nos courses en Allemagne : j'espère, mon cher D.....r, que la paix va nous ramener bientôt dans le pays que vous habitez. Je n'oublie point que nous en sommes à trois cents lieues, et cependant nous nous amusons à faire une nôce, comme si nous étions encore dans votre belle France, auprès de vous, entre les bras de l'amitié.

Gratz est une ville charmante : le sang y est pur et parfaitement beau ; les femmes sont presque toutes blondes. Chacune de ces femmes est un lys ; chacune de ces jeunes filles est un bouton de rose qui rougit au moindre regard.

Nous avons visité les frontières de la Hongrie. Un gentilhomme hongrois, chevalier de l'ordre de Diane, nous reçut à *Raskelpurg*, au retour de la chasse : nous bûmes chez lui du vin de Tokai. Il nous assura que les branches et souvent les pampres de vigne de ce côteau célèbre renferment des paillettes d'or ; nous fîmes semblant de le croire par politesse.

Tous ces Hongrois sont grands, bien faits, d'une figure martiale et basanée ; il sont tous soldats. Beaucoup d'entr'eux ne quittent jamais leurs armes, et vont couper les foins, ou conduire un charriot le sabre au côté. Un homme de qualité seroit déshonoré s'il n'avoit pas servi dans sa jeunesse ; il ne trouveroit point à former un établissement avantageux. Si la beauté doit être le prix du courage, il est bien juste que les femmes ne veuillent se donner qu'à un homme de cœur, et qu'elles ne recherchent pas pour époux celui qui n'a point montré les vertus d'un homme.

La nation hongroise est fière, indépendante et jalouse; la maison d'Autriche la flatte, et ne la heurte jamais de front; c'est un lion soumis, auquel il faut encore présenter un frein doré.

La Hongrie étoit la patrie des Huns; la Croatie est celle des Vendales qui ont ravagé l'Empire romain. Les Croates se sentent encore de leur origine: c'est un peuple sauvage, grossier, pillard et féroce; ils sont tous braves, mais indisciplinés. Leur langage, leur architecture, leurs mœurs sentent également la barbarie. J'ai vu fréquemment des maîtres assommer de coups de bâtons leurs valets, pour les faire obéir; une maîtresse battre ses servantes, ôter son soulier, et leur en donner des soufflets.

J'oubliois de vous parler du mariage

de ce pauvre G.... les nôces ont été
brillantes. G.... a été plus gai qu'à
l'ordinaire. Nous avons eu une promenade sur mer avec de la musique ;
l'on a passé les trois quarts de la nuit
en festins, et j'emploie ce qui en reste
à vous écrire. L'on a beaucoup dansé
et beaucoup bu. Dès que l'on traite
une affaire, de deux minutes, avec les
Allemands, il faut s'attendre à voir
paroître des verres sur la table.

La joie anime tout le monde ;
La gaîté s'exhale en bons mots ;
Le vin et les joyeux propos
Circulent par-tout à la ronde
Bannissent le dieu du repos.
Le front couronné de pavots,
La nuit roule, dans le silence,
Son char d'ébène et de saphirs ;
Son char, traîné par les plaisirs,
Va fuir l'aurore qui s'avance
Sur l'aile des jeunes zéphyrs.

Nos deux époux se sont mis au lit sans épithalame , mais bien munis d'une bénédiction nuptiale prononcée en allemand.

Le dieu des amoureux travaux,
Caché dans l'alcove tranquille,
Vient éclairer de ses flambeaux ,
Ce réduit , cet heureux asile
Etonné des charmes nouveaux
D'une beauté tendre et nubile.

Vous m'entendez ; en ce moment ,
Zélis , sans voile et sans parure ,
Etale fort innocemment
Un sein d'albâtre , un sein charmant,
Et ces trésors que la nature
Réserve aux plaisirs d'un amant.
Hélas ! disois-je , en soupirant ,
Dans ces instans trop pleins de charmes,
Zélis , tu dois rendre les armes
Devant un époux triomphant.
Ah ! suspends les jeunes alarmes
Qui troublent ton cœur palpitant.
Les délices du sentiment

Font seuls répandre quelques larmes....
Telle on voit aux champs une fleur,
Qui, durant la nuit, ébranlée
Par un orage destructeur,
Penche sa tête désolée
Au gré de l'aquilon vainqueur.
Mais, au point du jour, si l'aurore
L'humecte d'un tribut de pleurs,
Elle reprendra ses couleurs,
Le doux parfum qui la décore;
Et de ses attraits enchanteurs,
Le matin l'embellit encore.

————————

LETTRE *au Cit. D. . . . . .*

Venise, le 24 floréal an 5.

NOUS nous sommes embarqués auprès d'Aquilea; le lendemain nous dé-
couvrions Venise au coucher du soleil.
j'étois charmé de voir de belles maisons, des citadelles des jardins, élevés
au milieu des eaux. Le vent du midi,

qui souffloit avec force, nous empê-
choit d'aborder. La nuit arrivoit; heu-
reusement l'étoile de Vénus ou Luci-
fer, comme vous l'appelez, vous autres
poëtes, parut à l'horizon. Cet astre
sembloit s'élever pour nous conduire
dans les lagunes, comme ceux de Castor
et Pollux guident les marins égarés
pendant la nuit, *ut fratres Helenæ
lucida sidera*. Je m'empressai de lui
faire ma prière; et pour la rendre plus
efficace, je la fis en vers :

> Toi qui sur les flots agités,
> Dans le cours de la nuit obscure,
> Répand tes brillantes clartés,
> Et viens embellir la nature,
> Astre qu'on adore à Paphos,
> Astre dont le nom redoutable
> Irrite la foule des sots,
> Qui te prend encore pour le diable,
> Et te fait griller en enfer !
> *Hesperus* ou bien *Lucifer*,
> Conduis nos pas vers cet asile

Où respirent tous nos amis ;
Au milieu des flots peu soumis
Guide notre barque fragile ,
A l'abri des vents ennemis.

En entrant au palais de Saint-Marc,
on remarque d'abord ces belles colonnes de granit apportées d'Athènes,
et ces gueules de lions entr'ouvertes,
destinées à recevoir les dénonciations
secrètes ; mais on y remarque en
même temps une mal-propreté horrible. Les sénateurs, en traversant
le palais, se contentent de retrousser
gravement leur robe au milieu des or-
dures et des immondices dont les es-
caliers, les cours et les corridors sont
tapissés. C'est dans le privilége d'in-
fecter ainsi les lieux publics, que le
peuple fait consister sa liberté , et
l'on n'a garde de la lui ravir. Telle est
la politique de ces *illustrissimi.*

Le commerce de Venise avec

l'Asie, le voisinage de la Grèce et la fréquentation des peuples du Levant, donnent aux mœurs de cette ville singulière, une teinte orientale dont un étranger s'aperçoit bientôt.

La jalousie circonspecte, la défiance et l'ingratitude réduites en système, et une espèce de terreur sourde, paroissent le fondement de l'esprit républicain de Venise. Le gouvernement est entouré de prisons, de sbires, et d'une nuée de délateurs. Ses vengeances s'exercent pendant la nuit avec un appareil mystérieux, qui les rend plus effrayantes. Les colonnes de St.-Marc, où l'on pend les criminels d'état, sont toujours présentes aux yeux de ceux qui oseroient conspirer contre la république.

Nous sommes allés ce matin au port *du Lido* : nous avons déjeûné à bord du vaisseau de guerre *la Vittoria*. Le capitaine nous a fait servir des cóquillages, des sardines fraîches, des petites raves et du vin de Chypre. Vous eussiez été enchantés comme nous de cette politesse marine.

VERS *adressés au général* BONA-PARTE, *à la prise de Mantoue, lorsque l'armée française marchoit sur Rome, au mois de février* 1797.

> . . . . *Hanc sine tempora circum Victrices inter, hæderam tibi serpere, lauros.*
>
> VIRGILE.

Vainqueur de la belle Italie,
Vous voilà donc dans la patrie
Et des Catons et des Césars.
Mais Rome à son déclin, soumise à l'évangile,
N'est plus, comme jadis, ce formidable asile
Fondé par les enfans de Mars (1).
Ces Romains orgueilleux, si vantés par l'histoire,
Lucius Furius Camillus,
Germanicus et Lucullus,

---

(1) Romulus et Remus passoient pour être les enfans du dieu Mars et de Rhéa-Sylvia.

Les

Les Marcellus , les Fabius ,

Les Metellus , les Marius

Et mille autres braves en *us* ,

Dont les noms sont gravés au temple de la gloire ,

Par vos jeunes français auroient été battus.

Sur ces noms généreux Rome aujourd'hui se fonde.

Qu'est devenu le tems de ces maitres du monde ?

Dans ces lieux où brilloient Ovide et Ciceron ,

Fleurissent les enfans de Bernard et d'Ignace.

La mitre a remplacé le bandeau d'Apollon.

Et tout digne Romain préfère avec raison

Aux stériles honneurs qu'on moissonne au Par-

nasse ,

Le charme de goûter au fond du paradis ,

Les célestes douceurs , les attraits infinis

De cette vision qu'on nomme *face-à-face.*

On s'agite , on combat pour la grâce efficace ,

Et les grâces par-tout voient leur frère banni ;

On révère la bulle *in cœnâ domini* ,

Et l'on y foule aux pieds les chefs-d'œuvres d'Ho-

race.

L'honneur n'est qu'un vain nom : tous ces Ro-

mains altiers

Ont troqué , par un choix où leur sagesse éclate ,

Une couronne de lauriers

Contre un beau chapeau d'écarlate.

Paisiblement assis au rang des immortels ,

G

Des prélats fastueux, maîtres de l'Italie,
Se faisoient adorer sur leurs propres autels ;
Et dans des coupes d'or ils buvoient l'ambroisie
Que leur versoit l'Europe à leur joug asservie :
Mais ô tems dépravés ! mais ô comble des maux !
L'on flétrit à nos yeux la pourpre si chérie :
Le Vatican désert a perdu ses carreaux,
Et l'on rit à présent de son artillerie.

Remplissez vos destins ; allez, jeune héros,
Volez au Latium, montez au Capitole ;
Faites couler encor par les mêmes canaux
Et les ondes du Tibre et les flots du Pactole;
La gloire, sur ces bords, va guider vos drapeaux.

Le sort de l'Italie est aux champs de Mantoue :
La fortune à vos traits opposeroit en vain
    Et les glaces de l'Apennin,
    Et les délices de Capoue ;
En vain pour rallentir votre course rapide,
Dix fleuves présentoient un obstacle imposteur;
Ces fleuves, sous vos pas, courbant leur dos li-
    quide,
    Tracent un passage au vainqueur.
    L'Adige en ses grottes profondes
    De tant de succès consterné,
    Aux lois d'un héros enchaîné,
    Roule moins fièrement ses ondes ;
Et l'aigle germanique, aux sommets du Tyrol,
Pour la troisième fois a reporté son vol !

Vainqueur de la belle Italie,
Vous mêlez les palmes de Mars,
Et les fruits brillans des beaux-arts
Aux myrtes de *la Pagerie.*
Vous pouvez, dans ces nœuds tissus,
D'une main que la belle adore,
Unir l'écharpe de Vénus
Et le panache tricolore.
Conservez bien des dons si beaux,
Enfant chéri de la victoire,
Dont je suivis tous les travaux ;
Marquez, par mille exploits nouveaux
Tous vos jours comptés par la gloire.
Malgré ses caprices divers,
Au sein de la pompe suprême
Vous étonnerez l'univers,
Sans en être étonné vous-même.

Pourtant, dans votre ardeur extrême,
Faites y bien réflexion :
Désormais par précaution,
Bravez avec moins de furie
Et les balles et le canon ;
La gloire est près de la folie,
Si l'on croit le divin Platon :
Très-souvent la main d'un poltron,
Vient trancher la plus belle vie :
Et vous n'êtes pas, je vous prie,
Immortel comme votre nom.

LETTRE

AU CITOYEN L....S.

Rome, le 30 pluviose an 6.

———————

Je n'ai reçu, que ce matin, votre dernière lettre. Elle a fait le tour de l'Italie avant de me parvenir. Assidu près d'une jeune et belle mariée, il vous étoit bien permis d'oublier quelque temps, à ses côtés, un sauvage de l'armée d'Italie. J'admire votre sort, mais je ne me plains pas du mien, « *di melius atque auctius fecere.* » Vous employez donc vos pastels à peindre votre jolie cousine et les amours qui ont figuré à sa noce ? C'est très-bien fait :

La jeunesse et l'amour embelliront ses traces,
  Sous ton pinceau brillant et varié ;
  L'on va dire ce sont les grâces,
  Peintes des mains de l'amitié.

Je crois que vous vous mocquez de
moi, mon cher L...., lorsque vous me
proposez de mettre en ordre toutes ces
notes recueillies au hasard, et de pu-
publier *des mémoires* sur nos belles
campagnes d'Italie. Vous voulez donc
que j'aille m'ériger en dispensateur de
la gloire, et me placer modestement à
côté des héros ?

Un pareil travail exige du temps,
du repos et des connoissances que
l'on n'a pas à mon âge. Rien ne nuit
plus aux hommes d'un grand mérite,
que la louange des écrivains médiocres :
elle atténue et obscurcit, pour ainsi
dire, leur éclat. C'est la plume des
bons historiens, qui consolide et per-
pétue leur réputation, et la fait refleurir dans les âges suivans :

Mais peut être ma muse amante des combats,
    Oseroit glaner sur leurs pas,
    Aux champs heureux de l'éloquence,

Si, moins novice encore, à la noble science,
Des Bonapartes , des Berthiers ,
Elle pouvoit , sans conséquence ,
Orner son front d'un seul de leurs lauriers ,
Et posséder un bien si rare.
Jeunes héros en seriez-vous jaloux ?
Quand on en cueille autant que vous,
On ne sauroit en être avare.

Que puis-je vous dire de Rome ;
comment vous parler de cette ville ex-
traordinaire ? Il y a dans Rome vingt
mille statues, trente mille tableaux ,
plus de cent palais : où reposer son
imagination parmi tant de richesses ?

Mes premiers regards se sont portés
sur l'église de *Saint-Pierre ;* je me suis
arrêté sous cette énorme coupole avec
laquelle la pensée s'élève jusqu'au ciel.

J'ai vu, au capitole, cette louve de
bronze qu'on gardoit dans le temple
de Romulus, et qui fut frappée de la
foudre, le jour même où Jules César
périt, dans le Sénat.

Je suis allé me promener sur la voie sacrée, où Horace rencontra un fâcheux « *ibam forté viâ sacrâ.* »

En entrant au vatican, dans la chapelle Sixtine, je me suis rapelé ce pontife célèbre dont elle porte le nom. La nature, qui le destinoit au trône, le fit naître simple berger. Elle se plut à le former dans la poussière, pour le placer ensuite au faîte de la fortune. Il est vrai que la plupart des apôtres n'avoient pas une origine plus rélevée : il parvint au trône à force de dissimulation ; il gouverna avec le génie de Sylla et d'Auguste.

Syste V chassa toutes les filles publiques de Rome, et fit fouetter celles qui osèrent y rentrer. C'est alors qu'on vit Pasquin réciter le pseaume « *laudate pueri* ».

A mesure que j'approchois de Rome,

G 4

mon œil cherchoit à démêler avec empressement tous ses environs, Tivoli, Frascati, et l'ancienne ville d'*Albe-la-Longue :* mais quand j'arrivai au bord du Tibre, les Obélisques d'Egypte, le Panthéon, le Colysée, le palais des Césars, les temples empreints de la fumée des sacrifices, les colonnes où sont gravés les décrets du sénat, s'offroient tout ensemble à mes regards. Dans le ravissement où j'étois plongé, je parcourois à la fois le Capitole habité par tous les dieux, la Roche Tarpéienne, le Forum et les arcs de triomphe qui l'entourent. Ma vue s'arrêtoit sur la fontaine Égérie, où vint rêver le sage Numa, et sur les Mausolées d'Auguste et d'Adrien. Les magnifiques ruines des aqueducs, des Thermes et des théâtres élevoient mon ame jusqu'à la hauteur du peuple romain :

Voici les champs où Ciceron
Cultivoit la philosophie ;
Voilà ceux où le vieux Caton
Bêcha la terre énorgueillie ,
A l'ombre des palmes de Mars !
Le Tibre s'offre à mes regards,
Par-tout , sur ses rives fleuries ,
Je foule , dans mes rèveries ,
La noble poussiére des chars :
Je foule les débris des arts ,
Cachés sous la moisson nouvelle ;
Je vois la ville des Césars ,
C'est encor la *ville éternelle* ;
L'astre des cieux , avec orgueil ,
Eclaire , en sa marche féconde ,
Les débris , l'auguste cercueil ,
De la capitale du monde.

Souvent cet astre glorieux ,
Vers le soir d'un jour orageux ,
A son couchant même étincelle
De mille rayons plus pompeux ;
C'est ainsi que Rome à nos yeux ,
Se montre toujours aussi belle ,
Malgré les destins rigoureux ;
Son déclin est majestueux ,
Sa chute même est immortelle

LETTRE

AU CITOYEN D....r.

Rome , le 4 Floréal an 6.

Reprenons , mon cher D. ... une correspondance que le temps et mes courses continuelles avoient suspendues : je serai désormais moins errant. Le repos commence à devenir un besoin pour moi ; j'en jouirai bien mieux encore , si vos lettres viennent quelquefois l'occuper. Je voudrois pouvoir vous envoyer quelques feuilles de ces oliviers qui naissent en abondance dans ce beau climat , pendant que le vôtre en est privé ; elles seroient le gage de la paix , qui doit me ramener auprès de vous : je les échangerois contre vos myrtes.

Je n'ose plus vous parler de vers ; je

ne lis plus ; je n'écris plus ; je suis un barbare indigne de vous ; mais quoique je dise quelquefois : « *non sum dignus* », je serois bien fâché que vous me privassiez de votre commerce charmant. — Sachez qu'il ne vous est pas permis de renoncer à la poësie.

> Aux muses ne sois plus rebelle ,
> Ou crains d'essuyer leur courroux ;
> Goûtes long-temps , près de ta belle ;
> Le prix de tes accords si doux ;
> Bernis auroit été jaloux
> De ta lyre tendre et fidèle.

J'ai passé ma vie en Italie, à étudier les monumens des arts ; j'allois voir presque tous les jours à Florence le salon de *Niobé*, la Vénus de Médicis, et ces deux charmans lutteurs qui sont auprès d'elle. Rien n'égale la modestie du grand-duc , la sagesse , la douceur de son gouvernement , et l'état florissant de la Toscane.

Je n'ai pas été aussi surpris des beautés de Gênes ; cependant le palais *Durazzo*, la maison du célèbre *André Doria*, et le salon de *Serra*, qu'on appelle le Temple du Soleil, ont excité mon admiration.

Mais rien ne m'a plus frappé que l'aspect imposant et la beauté régulière de Turin. L'intérieur du palais du roi et la sévère décence qui règne dans cette cour, inspirent au philosophe même une sorte de vénération....

Les Romaines sont les plus belles femmes de l'Italie. La belle duchesse *Ceva* est jeune, brillante, spirituelle. Je l'appelois, en badinant, *Sæva mater Cupidûm*. Elle doit à la nature un teint de roses, de très-beaux yeux, un air capricieux et enjoué, de la modestie, de la finesse et de la coquetterie ; elle est la première des dames romaines pour les grâces, pour

les manières tendres et nobles.—On a
surnommé madame *Cesarini* le César
des femmes. Elle a bien quelques
rapports, par son caractère, son éclat,
son esprit, son courage et ses aventures brillantes, avec cet homme célèbre.

Les vifs agrémens du bel âge,
L'esprit, la douceur, la beauté,
La tendre et légère gaîté
De ce couple heureux et volage,
Par les Grâces toujours armé,
Par les Grâces même formé,
Sont le plus brillant apanage.

LETTRE

AU CITOYEN D. . . . . r.

Tivoli , le 3o *floréal au* 6.

Nous sommes depuis quelques jours
à Tivoli, nichés dans une petite au-
berge, auprès du temple de la sybille
Albunea ; nous soupons tous les soirs
dans la chapelle de cette nymphe.

Nous avons trouvé ici un antiquaire
appelé *Donato*, qui fait aujourd'hui le
metier de *Cicerone*, et montre les
curiosités du pays aux étrangers. C'est
un homme épais et ramassé dans sa
courte taille ; sa figure noircie au
soleil, se fait remarquer par une large
cicatrice à l'œil droit. Nous l'avons
surnommé *Ciceron Borgne.* Cet en-
thousiaste de l'antiquité s'est logé sous
des masures du temple d'Hercule. Il ne
boit que dans une patère étrusque , et
ne se sert que d'une lampe antique.

Il nous a parlé de *monsieur le chevalier* Aulus Propertius. Il nous a montré sa maison.

L'hiver dernier, conduisant des Anglais au mont Lucrétile , il se fit un devoir de boire avec eux de l'eau glacée de la fontaine Blandusie , qu'Horace avoit célébré ; il gagna , pour prix de son zèle une pleurésie dont il faillit mourir.

L'arc-en-ciel paroît dans toutes les cascades de Tivoli. A dix heures du matin, au printems, on le voit dans la grotte de Neptune ; à midi, dans celle des Syrènes. A mesure que les rayons du soleil y pénètrent , l'eau se colore ; un bel arc-en-ciel se forme près de vous. Vous le voyez naître sous ces roches ; s'éloigner, se rapprocher , s'enfuir. Vous le touchez avec la main ; chaque flot le dissipe et le reproduit.

Quand on arrive aux Cascatelles,

au lever du soleil, on a sous les yeux
un paysage charmant, dans le goût de
ceux de Claude Lorrain. A chaque pas,
les ruines antiques, les cabanes, les
chutes magnifiques de l'Anio, l'arc-
en-ciel, les pêchers fleuris, le vert
léger des saules et des aubépins, le
vert obscur des oliviers, y forment les
contrastes les plus piquans.—On voit
encore, au milieu d'un azur tendre,
la lune avec son petit croissant,
comme dans le joli tableau d'En-
dymion du Guerchin, qui est près
de la Vénus de Médicis, dans la
galerie de Florence.

Nulle part le ciel n'est aussi beau
qu'il l'est à Tivoli ou à Pouzolles.

Il est délicieux de lire, au bord de ces
belles eaux, des vers de Catulle, de
Pétrarque, de Chaulieu et de Parny;
il seroit plus délicieux d'en faire. Mais
en héritant leurs ouvrages, nous

n'avons pas hérité , comme toi,
leur luth mélodieux et facile, heureux
Parny !

Les dieux de Gnide et du Parnasse
T'ont confié, dans tes beaux jours,
Le flageolet des Troubadours,
Et la lyre du tendre Horace.
Ton luth est l'enfant des Amours ;
Le myrthe fleurit sur tes traces ;
Tibulle est jaloux des atours
Dont te pare la main des Grâces ;
Elles te couronnent toujours.
Tu cueilles dans un champ fertile
Les roses dont sont embellis
Les fruits de ta muse facile ,
Que l'essaim folâtre des Ris
Caresse d'un aile docile,
Sous les pavillons de Cypris.

Chantre aimable d'Eléonore,
Brûles toujours des mêmes feux ;
Charmes, par mille traits heureux,
La beauté que ton cœur adore,
Et dans tes vers aimés des dieux,
Puisses-tu l'embellir encore !

LETTRE

A madame EMILIA ALL. . . . . ,
née comtesse Av. . . . . *o*

Rome , le 17 mai 1798.

Madame ,

J'ai l'honneur de vous adresser le
Temple de Gnide , de Montesquieu :
si l'on faisoit le temple des grâces ,
vous y seriez adorée. Je désire que ce
petit ouvrage ait le bonheur de vous
amuser quelques momens ; puisse-t-il
au moins vous distraire un peu du souvenir de vos chagrins ! Mon dieu !
madame , quand on a de l'esprit , de
la beauté et de la jeunesse , cela ré-
pare bien des maux. Rien ne doit les
adoucir davantage que l'amitié charmante de madame Angelina Carrad....

Je suis presque jaloux d'une liaison
aussi douce :

Amitié tendre et durable,
Amitié, reine des cœurs,
Unis par des nœuds de fleurs
Le couple le plus aimable.

———————

LETTRE

A la même.

Rome, le 2 juin 1798.

Voilà, madame, l'Essai sur le Goût
et les Lettres Persanes, dont vous
m'avez parlé. Ces lettres sont un des
ouvrages les plus philosophiques et
les plus agréables en même tems que
nous ayons dans la langue française.
L'Essai sur le Goût doit plaire à toutes
les personnes qui en ont. Votre esprit,
madame, est fait pour apprécier les
ouvrages de Montesquieu.

L'histoire des sérails et la prison des
femmes de l'Orient doit intéresser celles
de l'Italie, qui jouissent de toute leur
liberté. En Perse, les maris sont des ty-
rans jaloux : en Italie, ils ne sont que
vos premiers esclaves. Cependant, ici
comme en Perse, les femmes les plus
charmantes se plaignent d'être mal-
heureuses. Il est bien triste qu'en faisant le bonheur des autres, elles ne
puissent pas le trouver elles-mêmes. Le
mien, madame, seroit d'être encore
auprès de vous, et de faire quelque
chose qui puisse vous plaire,

Vous qui dans l'âge heureux de la frivolité,
Savez déjà penser avec solidité,
　Tous les talens forment votre partage :
Vous trouvez l'art d'unir avec légèreté,
　　L'étude au riant badinage,
　　Les beaux-arts avec la beauté ;
Les fruits de la raison et les fleurs du bel
　　　âge,
Et les traits de Vénus avec l'ame d'un sage.

LA NAISSANCE DE LA ROSE,

Fragment d'une Idylle de GESNER.

Le sujet de ce morceau est tiré de l'Idylle intitulée *le Printems* : on ne s'est point astreint à une imitation fidèle ; il eût été trop dangereux d'oser lutter contre le Théocrite de l'Allemagne. Son ouvrage est une mine d'or inépuisable, dont je n'ai pris qu'un filon pour cacher la stérilité du mien.

Sous un berceau de guirlandes orné,
Asile frais, de lilas couronné,
A peine encore au printems du bel âge,
Dernièrement la naïve Cloris,
Aux yeux baissés, avec un doux souris,
Au teint de rose, au modeste langage,
En rougissant d'une aimable pudeur,
Fit ce récit, enfant de la candeur.

Dieu des amours , souris à ton ouvrage !
Quels parfums plus doux que l'Iris
S'exhalent parmi ces feuillages !
Oui , tous les dieux les plus chéris
Viennent embellir nos rivages.
J'y vois Flore et j'y vois Vénus ;
L'amour est conduit par Bacchus ;
Therpsicore , Euterpe et Thalie
Suivent le vainqueur de l'Indus.
Ce père heureux de la folie ,
Joyeux compagnon de Momus ,
Unit aux accords ingénus ,
Que rendent la flûte et la lyre ,
Ces courts récits interrompus
Par de bruyans éclats de rire.
« Dans ces beaux lieux où la Lyris ,
» A l'ombre des myrtes fleuris ,
» Coule sur un lit de verdure ,
» Un matin la jeune Délis
» Voiloit ses charmes embellis
» Dans l'azur d'une source pure.
» Des fleurs composoient sa parure ;
» Avec la taille de Cypris
» Elle a dérobé sa ceinture.

» Fuyez pudeur, grâces, nature,
» Tous vos trésors seront surpris !
» Du désir la langueur touchante
» Erroit encor dans ses beaux yeux ;
» Mille souvenirs gracieux
» Occupoient son ame innocente ;
» J'arrive ; ô surprise accablante !.
» Que vois-je, dit-elle, en ces lieux ?
» Où fuir ? tout me trahit, grands dieux!
» Quoi ! ces myrtes silencieux
» Cachoient sous leur ombre perfide
» Un profane, un audacieux !
» Délis, que l'innocence guide,
» Tremblant pour ses jeunes appas,
» S'échappe comme un daim timide ;
» En chancelant je suis ses pas :
» Elle s'enfuit, mais la bergère
» Qui cède aux désirs curieux,
» Suspendant sa course légère,
» Sourit d'un air malicieux
» De me voir loin d'elle en arrière :
» Tout-à-coup des buissons piquans
» S'enlacent aux plis ondoyans
» Qu'agite sa robe flottante.
» Déjà la gaze voltigeante,

G *

» Au gré du zéphyr imprudent,
» Découvre le contour charmant
» D'un beau sein plus pur que l'albâtre.
» Dans ce péril, un cri touchant
» Partit de sa bouche folâtre.
» Belle, modérez vos douleurs!
» M'écriai-je, en ma douce ivresse :
» Je suis le dieu de la jeunesse,
» Bacchus père de l'allégresse,
» Que les Ris couronnent de fleurs.
» A ce nom, la nymphe surprise,
» Eprouve un doux saisissement ;
» Et déjà paisible et soumise,
» Elle m'écoute en rougissant,
» Mais en souriant avec grâce;
» D'un air plus craintif et plus doux,
» Délis me voit à ses genoux. . . . .
» Elle se trouble. . . . . je l'embrasse. . . . . .

» Le cri si charmant du plaisir
» Publie aussitôt ma victoire ;
» Et pour graver le souvenir
» De ses attraits et de ma gloire.
» La rose paroît à l'instant.

Vous

» Vous comprenez facilement

« Ce prodige, sans qu'on l'explique.

» De ce triomphe pacifique

» Elle est le plus beau monument :

» Une goutte du plus beau sang

» Fit naître la rose pudique.

    » La rose est la reine des champs ;

» La rose est l'honneur du printems ;

» A Paphos, ses boutons naissans

» Forment la guirlande des Grâces ;

» Les dieux en parent leurs autels,

» Les belles, parmi les mortels,

» La font éclôre sur leurs traces.

» Rose qui vis si peu d'instans,

» Parfumes le lit des amans ;

» Couronnes une jeune épouse.

» Ah ! de tes destins trop charmans

» Vénus même seroit jalouse.

    » Du plaisir et de la pudeur

» Tu fus l'ornement et l'emblême :

» C'est toi qui plais dans ce qu'on aime.

» Répands un parfum enchanteur ;

» Aux Grâces sois toujours fidelle ;

» Et que ta brillante rougeur

» Imite le teint de ma belle. »

L'enfant d'Amathonte sourit ;
La terre, de roses nouvelles,
Dans le même instant se couvrit,
Et les charmantes immortelles
Battoient des mains à ce récit.

LETTRE

AU CITOYEN D.....r.

Rome, le 16 ventôse an 7.

Ne soyez point inquiet sur mon sort ; me voilà échappé aux brigands et aux frimats de l'Abruzze.

A mon retour de Sulmone, j'eus occasion de voir le général M....k, à Macérata : sa célébrité et ses malheurs m'inspiroient un vif désir de le connoître personnellement. J'en fus accueilli avec cette politesse simple et franche qui caractérise presque toujours les hommes distingués. Malgré la distance des âges, il ne dédaigna pas de m'instruire de plusieurs détails curieux sur les événemens de sa vie. Mais avant de vous citer des traits de cette conversation, avant de le faire parler lui-même, je dois vous peindre l'impression que son abord fit sur moi.

Quand j'entendois parler autrefois du colonel M....k, dont la renommée se plaisoit à répéter le nom avec enthousiasme, et qu'elle représentoit à la tête des combats, poursuivant les Français en Flandre, en Allemagne et en Italie, et leur suscitant des ennemis par-tout, mon imagination me le montroit comme un homme d'un caractère bouillant, et d'une force chevaleresque.

Je ne m'attendois pas à trouver, dans ce général, un vieillard exténué, d'une physionomie mélancolique et réfléchie. En voyant ce front chauve, cette pâleur mourante, ces yeux enfoncés, qui cependant se raniment de

H 2

tems en tems , et brillent encore ; au
lieu d'un guerrier plein de vigueur ,
je crus contempler Sénèque dans le
bain : tant il est vrai que c'est presque toujours à tort que l'idée des
grandes choses , s'allie dans notre esprit au sentiment du *beau* phy-
sique.

Cet homme illustre ne jouit pas
d'une santé égale à sa réputation. Lorsque je le vis , il venoit d'être empoisonné à Capoue; et comme on suppose
qu'un homme empoisonné n'a plus besoin de ses équipages , son valet de
chambre avoit jugé à propos de lui
voler tous ses effets , et de s'enfuir.

La conversation roula d'abord sur
les campagnes de Flandre , et sur plusieurs de nos généraux avec lesquels il
a eu des relations immédiates dans la
guerre actuelle. Dum... , me dit-il , offroit dans son caractère un mélange de

simplicité et d'orgueil, d'austérité mi-
litaire et de faste asiatique. Il dormoit
tout armé sur un sopha, il étoit sobre,
actif, appliqué au travail; mais il faisoit la guerre avec le luxe d'un général
persan. Il avoit dans sa tente des
dames, des comédiens, des danseuses
et des chanteuses de l'Opéra. — Son caractère entreprenant, audacieux, fier,
gai, généreux et flexible, lui donne
plus de ressemblance avec Thémis-
tocle qu'avec César, auquel vos révo-
lutionnaires le comparoient. Sa défec-
tion, ses talens et ses défauts même,
lui assignent une place marquante dans
l'histoire. . . . .

Mais il est un de vos généraux,
ajouta-t-il, qui, à la fleur de l'âge, a
tout fait pour la gloire, et en a reçu
les plus nobles faveurs. Il est philosophe, et homme d'état. Son esprit

embrasse également la politique et la
guerre. Ses projets vastes et hardis
ont imprimé à l'Europe l'admiration
et l'étonnement. La rapidité de ses
conquêtes, son courage , sa jeunesse et sa confiance en sa fortune,
le rapprochent du portrait qu'on nous
a laissé d'Alexandre.

Si la fortune n'est pas jalouse
de tant de gloire, ses desseins cachés dans l'avenir, changeront peut-
être les destinées de l'Europe. Il ressemble à la mer, qui, dans un calme
profond, mine en silence les barrières
qu'on lui oppose.....

Passant ensuite à la campagne de
Naples, dont le sujet étoit si délicat à traiter : « tous vos succès dans
cette campagne, continua-t-il, sont
l'ouvrage de Macd........; son activité et son sang-froid ont détruit seuls
l'armée du roi de Naples. Il a déjà

fait de grands pas dans la carrière ;
sa jeunesse les rend plus étonnans encore ». C'est ainsi qu'animé d'une noble
franchise, il me parloit de ce général,
qui réunit l'esprit et les grâces à une
valeur brillante :

Lui que Mars possède à sa cour,
Et qu'attend d'avance l'histoire ;
Lui qui pénètre, tour à tour,
Sur les ailes de la victoire,
Et dans les bosquets de l'amour ;
Et dans le temple de la gloire.
Souvent le myrthe et l'olivier
Enlacent à son char guerrier
Quelques guirlandes immortelles,
Parmi des faisceaux de lauriers :
Vénus et les arts sont fidèles
A le guider dans leurs sentiers.

J'ai laissé l'armée à Sulmone : cette
ville offroit le coup-d'œil d'un camp.
Des batteries de canon étoient placées
à toutes les avenues. Les avant-postes

napolitains n'étoient qu'à une portée de fusil des nôtres. On voyoit pendant la nuit leurs feux allumés au milieu des neiges.

Sulmone est la patrie d'Ovide : j'ai relu son Art d'Aimer, dans un pays où il avoit sans doute reçu les premières leçons de cet Art. Nous avons récité, à l'envi, quelques beaux vers de ce poëte ingénieux et fécond, qui orna la cour d'Auguste, et qui eut le malheur de plaire un peu trop à la fille de ce prince.

Mais dans cette cour séduisante
Il osa braver son courroux,
Et s'exposer à tous ses coups,
Pour une brune fort piquante
Que l'amour mit à ses genoux.

Dans ses passe-tems les plus doux,
Quelquefois la belle Julie,
Loin d'Auguste et loin des jaloux,
Avec Ovide, au rendez-vous
Vint, conduite par la folie.
Quand l'amour leur dictoit ses lois,

Au sein du plus tendre délire ;
Auguste perdoit son empire,
Ovide reprenoit ses droits ;
La belle venoit à sa voix
L'embrasser, folâtrer et rire,
Reposer à l'ombre des bois,
Ou danser aux sons de sa lyre.

A LA JEUNESSE.

Amis ! quels parfums renaissans,
Quelle douce et tendre verdure,
Viennent, d'une beauté plus pure ;
Parer nos jardins languissans.
Déjà zéphyre et la nature
Etalent des moissons de fleurs :
Cueillez pour le front des vainqueurs
Ces roses qui viennent d'éclore ;
Hélas ! au matin où l'aurore
Doit les humecter de ses pleurs,
Elles connoîtront les rigueurs
Du tems jaloux qui les dévore.
Ainsi, prévenez les regrets,
Vous que leur vermillon décore :
Un seul jour flétrit ces attraits

H 5

Qui font toute votre richesse.
Bientôt inclinés sous le faix
Du tems qui nous poursuit sans cesse ;
Nous passerons en peu d'instans
Des beaux jours de notre printems
Au sombre hiver de la vieillesse.
Évitons son sceptre glacé :
Semons des myrtes de Lucréce
Les sentiers qu'il nous a tracé.
Dans la saison de la tendresse ,
Des erreurs et de la beauté ,
Livrons-nous à la volupté ;
Goûtons les charmes du bel âge ;
Cueillons ces boutons parfumés ;
Aimons ; il est doux d'être aimés :
Le vrai bonheur fait le vrai sage.
Endormons-nous dans le sein des amours,
O Daphné ! demain , peut-être
L'aurore qui va renaître,
Ramènera le dernier de nos jours !

VERS

SUR L'AGE D'OR.

O tems heureux d'innocence et de charmes !
L'amour enfant alloit toujours sans armes ;
Dans l'âge dor , le temple de Vénus ,
Etoit encor le temple des vertus !
Ainsi , jadis , dans l'antique Italie,
Séjour chéri de Flore et des zéphyrs ,
La gaîté tendre et les jeunes désirs ,
Les doux refus , la vive agacerie ,
Les ris badins , conduits par la folie ,
Venoient en foule escorter les plaisirs.
Vous eussiez-vu les folâtres bergères
Se défier au plus tendres combats ;
Elles voloient, craintives et légères ,
Sur les gazons et ne les courboient pas.
Vous eussiez vu , sous l'épine fleurie ,
Zulmis mêler aux accens de sa voix ,
Les sons d'un luth , que la douce harmonie
Plus mollement anime sous ses doigts :
A sa gaîté l'on croyoit voir Thalie ;
A ces yeux noirs , à ce tendre souris ,
A la fraicheur d'un visage de lys ,
On auroit dit *Emilie* ou Cypris ;
Aux doux accords de sa lyre chérie ,
On auroit dit Philomèle attendrie.

H 6

Zulmis se tait; ses accens prolongés
Dans tous les cœurs vont résonner encore.
Belle Emilie, ainsi tes doigts légers,
Qui s'égaioient sur ton clavier sonore,
Ne pressent plus ses touches à nos yeux ;
Mais l'instrument plein de ton art heureux
Répète encor des sons mélodieux ;
On croit l'entendre, et la corde agitée
Frémit long-tems à l'oreille enchantée.

Le tendre amour se mêloit à ces jeux,
Un doux murmure erroit dans l'assemblée ;
La sombre envie en étoit exilée :
Ils vous goûtoient, charmes délicieux,
Baisers cueillis sur la bouche qu'on aime,
Transports charmans, dont la douceur suprême
De ces bergers rendoit jaloux les dieux !

N'accusons plus, dans notre humeur légère,
Ces dieux, par nous accusés tant de fois :
Le ciel agit par d'équitables lois.
Sous ces lambris, qu'un vain peuple révère,
Les noirs soucis vont assiéger les rois ;
Et le bonheur, auprès d'une bergère,
Dans le silence, à l'ombre de nos bois,
Vient reposer sur un lit de fougère.
Le luxe, au sein de vos boudoirs dorés,
De diamans, de glaces décorés,
Sur les coussins d'une pompe étrangère,

Fut-il jamais et plus noble et plus doux ,
Que l'union chaste et voluptueuse
D'un couple amant , de deux jeunes époux ,
Qui, dans le cours d'une nuit orageuse ,
Aux sifflemens des Autans furieux ,
De leurs amours , resserrent les doux nœuds ?
En vain , la foudre éclate sur leurs têtes ;
En vain , le ciel étincelle de feux ,
Leurs cœurs sont purs ; le calme est auprès d'eux.
» D'un œil serein , comme aux beaux jours de
» fêtes ,
» Mêlez encor vos baisers amoureux ,
» Couple charmant : la fureur des tempêtes
» Qui va briser les cèdres fastueux ,
» Respectera le myrte aimé des cieux.

Ah ! qu'il est doux , en ces momens affreux ,
D'être pressé sur le sein d'une amante ,
De respirer son haleine enivrante ;
De recueillir ses soupirs renaissans ,
De s'enlacer dans ses bras caressans ,
De s'endormir ensemble au vain murmure ,
Des aquilons follement courroucés ,
Dans les transports d'une volupté pure !
Qu'un autre en proie à des goûts insensés ,
Voulant fixer la gloire et la fortune ,
Charge de vœux et Plutus et Neptune ;

Qu'il vole enfin sur l'aîle des zéphyrs ,
Pour s'enrichir vers un autre hémisphère :
Je n'eus jamais ces avares désirs ,
Et les trésors qu'encense le vulgaire ,
Et la fortune et ses lâches faveurs ,
D'un faux éclat ne m'éblouissent guère , —
Si mon absence et des projets trompeurs
Doivent jamais affliger ce que j'aime :
Près d'Emilie , au sein du bien suprême ,
Je foule aux pieds la pourpre et les honneurs.

Ainsi vivoient dans l'heureuse innocence,
Ces mortels purs , amis de l'équité ,
Justes sans lois , généreux sans fierté ;
Dans les douceurs d'une heureuse abondance ,
Au vain éclat dont brille l'opulence ,
Ils préféroient leur douce obscurité ;
Leurs premiers ans écoulés sans orages ,
De plus beaux ans étoient encor suivis ;
Un jour serein étoit l'heureux présage
D'un plus beau jour , et de plus douces nuits.

———————

LETTRE

A Madame Emilia A L L......
à Monte-Fano.

Rome, le 13 *mars* 1799.

N'EXIGEZ pas que je vous entretienne
des beautés et des agrémens de Rome,
madame :

Si mon pupitre, aujourd'hui solitaire,
Mais de votre présence autrefois honoré,
 Avoit la faveur singulière
De conserver un peu de ce goût épuré,
  Et de l'enjoûment éclairé,
  Qui forment votre caractère,
  Je serois bien mieux inspiré !
  J'unirois le Pinde et Cythère ;
  J'oserois peindre ,tour-à-tour,
 L'art d'être heureuse et l'art de plaire ;
  Et tous les charmes de l'amour,
  Avec les yeux noirs de sa mère.
  Mais pour faire votre portrait,

Je veux vous voler en secret
Votre plume aimable et légére.

Vous me parlez de la *Villa-Borghèse*:
j'y viens promener tous les soirs; j'aime
cet endroit délicieux ; je m'égare sous
des bois de pins, de chênes verts et de
cyprès. Je rencontre un lac; plus loin,
les ruines d'un temple.—Je viens errer
au milieu des statues, des autels, des
urnes d'albâtre, des obélisques, et des
tronçons de colonnes. Quelques tombeaux sont placés parmi les objets les
plus rians : toutes les richèsses des
arts décorent ces boccages frais, ces
collines magnifiques, où, après vingt
siècles, on voit refleurir les jardins de
Salluste et d'Atticus.

Dans les belles soirées d'été, toutes
les fontaines, toutes les statues des
empereurs, tous les bois de la Villa—
Borghèse paroissent en feu; c'est un

nombre infini de petits insectes lumi-
neux , qui produit ce spectacle ; ils volent près de terre , et brillent pendant
la nuit comme des millions d'étincelles
qu'on aperçoit dans l'obscurité.

Ces prairies sont peuplées d'un
troupeau de chevreuils et de daims,
blancs comme du lait. Ils sont accou-
tumés à ma présence ; ils viennent
prendre l'herbe que je leur jette : je
me divertis à les voir brouter , bondir,
se caresser , s'enfuir en allongeant leur
joli cou, et en retournant vers moi
leur tête fine et svelte. Un souffle, un
tronc d'arbre les épouvantent. — Je
suis devenu leur berger; je leur souhaite
un tems doux et serein , des pluies
légères qui fassent repousser l'herbe;
un gazon abondant, et des amours for-
tunées sous le beau ciel qu'ils habitent.

Voici des dames romaines qui parlent d'amour à l'ombre de ce bocage écarté.—Dans tous les pays du monde, l'amour est la principale affaire. En France, tout retentit de ses louanges : on diroit que c'est la seule divinité du pays ; son nom remplit toujours les bals, les théâtres, les académies, les concerts, les sociétés particulières. Il est dans la bouche de tous les jeunes gens et de toutes les femmes ; il est l'objet de tous les entretiens ; les arts sont occupés à le représenter sous mille différentes formes.—Le véritable amour fuit les regards et se nourrit dans la retraite ; l'amour de la gloire, au contraire, naît dans les grandes assemblées publiques : il se conserve dans la solitude ; mais il s'affoiblit dans les dissipations du monde. Il me semble qu'il prend sa source dans l'amour des femmes : je parle de cet amour noble et généreux, qui fait que personne ne veut paroître manquer de courage, ni supporter un affront reçu devant elles.

Ne vous plaignez plus de votre taille ; c'est la taille des Grâces. Je les ai vu toutes les trois à la Villa-Borghèse ; sachez qu'elles sont petites comme vous.- Vous avez beau dire : rien ne plaît tant dans les femmes qu'une petite main, un petit pied, un petit nez, une petite bouche ; enfin tout ce qui est petit leur sied bien. Ne murmurez donc pas de votre lot ; il est digne d'envie.

Le mien le seroit encore plus, si je pouvois parcourir avec vous ces beaux jardins où tout respire la fraîcheur, la jeunesse . . . . . et l'amour ; où tout invite à suivre son doux penchant. Vous avez tort de le fuir, madame, vous avez tort de le craindre , dussiez-vous être sa victime : qu'a-t-il donc d'alarmant aux yeux d'une femme aimable ?

Lorsqu'entre mille fleurs nouvellement écloses,
Ces frêles papillons, ornement du matin,
Qui volent, au hasard, sur le myrte et le thym,
    Vont caresser nos jeunes roses,
Se plonger, se rouler dans leur tendre incarnat :
L ur bouton perdra-t-il sa grâce et son éclat ?
Quand Cephale charmé, vient embrasser l'aurore,
L'aurore verse alors ces pleurs de diamant,
    Doux fruits des baisers d'un amant,
Qui des feux du matin s'embellissent encore.
Quand, d'une aile légère et d'un souffle inconstant,
Zéphir vient se jouer sur les lèvres de Flore,
Nos fleurs ont elles vu décliner sa beauté ?
    Non, la nymphe aux douces haleines,
De ses plus doux trésors vient enrichir nos plaines.
Dois-je voir le plaisir, ou lire la fierté,
Dans la douce pudeur dont ton front se colore,
    Rose charmante que j'adore,
    Image de la volupté ?

Délis, laissons gémir la pudeur envieuse,
    Qui nous défend tous les plaisirs.
Tel que ce pur zéphir, dont l'haleine amoureuse
    Appelle les désirs ;
Tel que l'abeille encor, dont le léger murmure
Vient effleurer d'un lys les calices secrets,
Sans faire à sa beauté la plus légère injure ;
Les filles du printemps ne redoutent jamais

Son aiguillon cruel et sa vive piqûre :
Ainsi, le tendre amour, enfant de la nature,
Quoiqu'il charge son bras d'un flambeau, d'une
armure,
Ne maiche point suivi des sinistres regrets.
Allumons sans effroi sa flamme douce et pure ;
Un seul de ses baisers ajoute à tes attraits.

LETTRE

A Madame Emilia ALL.......

Rome, le 25 mars 1799.

JE vous envoie, madame, des gra-
vures de la Psyché et de la Vénus de
Raphaël ; vous allez donc vous amuser
à peindre :

Vous chérissez les arts, et vous les cultivez ;
Peignez Vénus, vous qui savez,
Au matin brillant du bel âge,
Etre aimable sans vanité,
Et sans pruderie être sage ;
Peignez l'esprit et la beauté,
Vous crayonnerez votre image.

Vous aimez les arts ; vous voulez que je vous nomme leurs plus belle productions. Voici leur chef-d'œuvre, à mon gré : c'est le Moïse don Michel-Ange décora le mausolée du pontife guerrier Jules II.

Moïse est un vieillard nerveux, d'une taille héroïque ; ses bras sont nuds, et musclés savamment ; le bras droit repose sur les tables de la loi ; les ondes de sa barbe majestueuse couvrent sa large poitrine, et descendent jusques sur ses genoux : deux faisceaux de rayons sortent de son front auguste et sévère, qui est légèrement ridé. Ses regards assurés semblent dire « quel » téméraire osera tramer une révolte » nouvelle contre le chef du peu- » ple ? »

Michel-Ange avoit pénétré le caractère altier et sombre de Moïse, sa vengeance fière et terrible ; il étoit entré dans les secrets de ce chef superbe des Arabes du désert. son génie seul avoit pu concevoir l'idée d'une tête aussi savante. — Quelle profonde politique dans le front sourcilleux de ce vieillard! chacune deses rides rappelle ses longs travaux et ses longues méditations: vous voyez l'ame d'un législateur et d'un chef de parti dans le corps d'Hercule.

Il étoit permis , il étoit nécessaire même , d'agrandir la nature humaine , pour atteindre à l'idée de ce premier favori du ciel , dont l'histoire se perd dans la nuit des tems.

- Le groupe d'Apollon et de Daphné, du Bernin, est d'un style plus doux ; c'est une églogue de Virgile. Apollon poursuit Daphné, qui se métamorphose en laurier entre ses mains. Daphné est l'image de la poésie. La belle nymphe fuit d'un pied léger et timide. Le jeune dieu est prés

de l'atteindre ; déjà un de ses bras éten-
dus, embrasse son corps virginal et son
sein palpitant d'effroi. Déjà le souffle
d'Apollon agite sa longue chevelure.
La craintive Daphné lève les mains et
les yeux au ciel ; elle conjure Diane
de sauver ses chastes attraits. « O
» Diane ! protège la pudeur ; ô Diane !
» je fus toujours fidéle à tes saintes lois.»

Mais déjà les paroles s'arrêtent sur
ses lèvres; des racines légères sortent de
ses pieds délicats ; ses doigts s'effilent
en rameaux de lauriers ; tout ce corps
charmant, qui faisoit les délices d'A-
pollon, se couvre d'écorce et de feuillage. — Apollon, glacé de surprise,
cueillit quelques feuilles de ces lauriers, et en forma une couronne qui
pare éternellement son front.

Cette charmante Daphné est digne
d'Athènes ou d'Ovide ; son beau visage
est d'une pureté angélique ! son amant
n'est

n'est point encore le dieu de la lyre,
le dieu qui conduit le char du soleil.
C'est Apollon dans la fleur de l'adolescence : son corps est tout brillant
de délicatesse, de fraîcheur et de grâce.
Il est trop maniéré, dit-on ; il ne respire pas la vigueur et la majesté de
l'Apollon du *Belveder* : cela est vrai ;
mais faites attention, critiques sévères,
que ce trait s'est passé dans la première
jeunesse d'Apollon ; il avoit alors dix-
sept ans : il ne se permettoit plus des
étourderies de ce genre à vingt-cinq.

J'aurai l'honneur de vous entretenir un autre jour, madame, des anciens monumens qui sont encore en si
grand nombre à Rome. — J'ai vu ce
matin, en me promenant au Capitole,
un beau péristile de colonnes du temple
de la Concorde, où s'assembloit le sénat. Les chevaliers romains, assis sur
les degrés du temple, faisoient la garde

I

autour de cette enceinte. Les rois et
les princes étrangers attendoient à la
porte, tandis que les *pères conscrits*
délibéroient sur le sort des nations.

J'ai rencontré sur le mont Quirinal des
restes de cette tour fameuse, où l'iufame
Néron, couronné de fleurs, vêtu d'une
robe de pourpre, une lyre d'or à la
main, chantoit un poëme sur l'em-
brâsement de Troye, et contemploit
d'un œil satisfait, l'incendie de Rome,
où ses satellites avoient mis le feu pendant la nuit. — Cette tour n'étoit pas
éloignée de la maison d'Horace. Il se
plaignoit de cette masse énorme (1)
qui s'élevoit jusqu'aux nues, et fati-
guoit ses regards.

Pardonnez avec votre indulgence ordinaire, tout ce bavardage. J'écris à
une femme aimable une pesante dis-

---

(1) *Molem propinquam nubibus arduis.*

sertation, comme l'auroit écrit monsieur l'abbé *Vinckelman*. Je voudrois
vous décider à faire le voyage de Rome ;
je n'oublierai jamais que nous en avons
déjà fait un si agréable et si court !

> Je coulois des momens bien doux
> Pendant ce voyage éphémère.
> L'art d'aimer, avec l'art de plaire,
> Se mirent en route avec nous.
> Vénus nous traçoit la carrière ,
> Nous partîmes sous sa bannière :
> L'amour s'assit sur nos genoux,
> Et les ris tenoient la portière.

Hélas ! le ciel , armé d'un injuste courroux,
Opposant à nos vœux une rigueur entière,
Brisa les doux liens d'une trame si chère
Et vint vous rappeler à la voix d'un époux.
Un instant dérangea tout notre itinéraire :
Mon bonheur s'éclipsa comme une ombre
> légère ;
Mon destin toutefois eût fait mille jaloux,
> Si j'avois pu faire avec vous
> Un petit voyage à Cythère.

LETTRE

AU CITOYEN R.....d.

Nous étions venus à Tivoli l'année dernière, nous y sommes revenus cette année. Presqu'en même tems y sont arrivées plusieurs dames romaines, et une belle juive, nommée *Eva.* Quoiqu'elle ne soit pas la première femme du monde, c'est pourtant une des plus jolies personnes que j'ai vu. La jeune Eva est l'ornement de tout le peuple d'Israël, chez qui la beauté n'est pas ordinaire. Nous visitons tous les jours ensemble les cascatelles, la grotte de Neptune et les superbes ruines de la Villa-Adriana.

Mécène avoit fait bâtir à Tivoli un palais d'une grandeur et d'une magnificence extraordinaires : il subsiste en-

core en partie. On entroit dans ses
jardins par un arc de triomphe dont
vous voyez les restes. C'est là que
votre imagination vous montre Tibulle, Virgile, Horace, Varius, Tite-
Live , Pollion, Saluste , Agrippa ,
Munatius - Plancus , et Auguste con-
versant avec Livie , avec Julie , avec
Calpurnie , avec ces illustres dames
romaines , qui savoient si bien caresser les maîtres du monde , et les enivrer de plaisir , quand ils étoient ras-
sasiés de gloire.

Ces ruines que vous apercevez de
l'autre côté du vallon de l'Anio , sont
celles de la maison de campagne de
Quintilius-Varus , ce général malheu-
reux, à qui Auguste redemandoit ses
légions. C'étoit le voisin d'Horace ;
c'étoit aussi son ami.

On retrouve encore dans ces bois
d'oliviers quelques vestiges de la mai-

son où la tendre Lesbie recevoit Catulle en secret : voici ses vergers ;
voici la fontaine dont il a parlé.
C'est ici qu'il montoit son luth auprès de Lesbie : voilà le bocage où
sa jeune maîtresse perdit son moineau.
Catulle étoit un amant fort léger ; il
faisoit souvent des infidélités à sa belle.
Il s'enivroit souvent ; il la méconnois-
soit alors, et la battoit quelquefois.
Il s'écrioit bientôt dans un transport
de douleur : « Mes amis, enchaînez-
» moi, je suis un furieux, j'ai battu
» ma maîtresse ; je suis un monstre !
» enchaînez-moi ». Il venoit pleurer
et soupirer à la porte de Lesbie, pour
en obtenir son pardon : Lesbie ouvroit
sa porte et lui pardonnoit. Les dames
romaines n'étoient pas aussi sévères
que les nôtres,

La conduite et les ouvrages de Catulle scandalisoient les Romains, qui

avoient conservé l'ancienne austérité des mœurs. Quiconque écrit comme Catulle, disoient-ils, vit rarement comme Caton. Cette maxime est vraie, quoiqu'on puisse dire également que beaucoup de gens ont écrit comme Caton et ont cependant vécu comme Catulle. Il ne faut jamais oublier les exceptions, quand on fait des lois générales.

Les ruines de la maison d'Horace sont au milieu des oliviers, au-dessous du jardin des Camaldules, dans une position délicieuse. J'y venois promener le soir, au coucher du soleil. La terre étoit jonchée d'olives qu'on foule aux pieds. Des troupes de garçons et de jeunes filles revenoient du travail, en chantant, et nous offroient à l'envie des fruits qu'ils avoient cueillis.

Le riche, le voluptueux Mécène quittoit quelquefois son palais, et venoit dans cette petite maison visiter *Horatius-Flaccus*. Le poëte pouvoit offrir au favori d'Auguste, quelques cruches de vin vieux, des chansons, des fleurs et les doux tributs de sa lyre.

Ils faisoient souvent ensemble des orgies charmantes, le front paré de roses, dans un repas délicat, auprès de leurs belles maîtresses, avec Lycoris, avec Lydie, avec Chloé. C'est alors qu'ils répétoient en chœur ces vers si gracieux :

Quis te multâ puer gracilis in rosâ
Perfusus liquidis urget odoribus.

Cet aimable poëte lyrique avoit peu de luxe sans doute, mais il étoit accoutumé à vivre avec délicatesse ; il recherchoït cette élégante simplicité si chère aux Epicuriens. Il se piquoit de pouvoir offrir à ses amis, quand ils venoient le voir,

des fruits printaniers, des pois verts,
des grives bien grasses, une salade de
chicorées aussi blanches que la neige,
une urne de vin de Falerne et un gâ-
teau de miel.

Mais Horace, au séjour des rois,
Préféroit son modeste asile,
Quand, au pied du mont Lucrétile,
A l'ombre paisible des bois,
A table il pouvoit quelquefois
Posséder Mécène et Virgile.
On m'a dit qu'ils dinoient tous trois
Au sein de l'amitié tranquille :
Vénus accouroit à leur voix.

C'est là que dans sa douce ivresse
Horace chantoit sa maîtresse
Et caressoit tous ses attraits,
Lorsque d'un doux transport saisie,
Glycère reposoit au frais,
A la source de Blandusie.

Vous savez que dans leurs beaux jours
Tibulle, Gallus et Mécène
Ne se contentoient pas toujours

I 5

De boire aux sources d'Hypocrène :
Dans leurs passe-tems les plus doux,
Ils faisoient une orgie aimable ;
Glycère étoit sur leurs genoux,
Et l'amour les servoit à table.
Ces messieurs étoient grands buveurs :
Le soir cette troupe adorable
Se couchoit sur des lits de fleurs,
Au sein d'un banquet délectable.
Bacchus leur servoit ses bons vins :
Horace chantoit son empire ;
Il savoit l'art de faire rire
Par des bons mots piquans et fins ;
Les grâces dansoient aux festins
Et couronnoient de fleurs sa lyre.

LETTRE

AU CITOYEN L......S.

Naples, le 20 germinal an 7.

J'AI promis de vous parler du chevalier Médicis, unique descendant de
son illustre maison, et digne d'une

telle origine : on lui donne à Naples
le titre de prince. Ce jeune seigneur,
par ses talens, sa modestie, ses mœurs
douces, son extérieur noble, sa naissance et ses malheurs, et sur-tout
par les grandes vues qu'il a montrées
au ministère, dans l'âge le plus tendre,
doit être rangé dans la classe des
hommes distingués de l'Europe.

La fortune, qui semble ne présider
qu'au destin des grands, s'est plu à
l'élever, pour le renverser presque
aussi-tôt. Son mérite l'avoit fait ministre ; son courage et sa droiture
ont causé sa perte. Il fut arrêté à la
suite de sa disgrâce. Il a resté trois
ans prisonnier dans la citadelle de
Gaëta ; il occupoit la même chambre
où avoit été renfermé le duc de Guise,
plus d'un siècle auparavant. La réputation et l'honneur du jeune Mé-

dicis n'ont reçu aucune atteinte dans l'opinion publique. Sa patience, sa gaieté, sa douceur, son amour pour l'étude ne l'ont jamais abandonné ; il ne lui est pas échappé un seul murmure contre les auteurs de l'injustice dont il a été victime.

Tels sont les orages qui agitent les cours : ils servent à faire apprécier le bonheur de la vie privée, et les douceurs de l'amitié : mais l'amitié, comme le bonheur, cherchent la retraite, et n'habitent que dans les ames pures.

Les méchans par le crime aux méchans sont
        unis ;
Le vice a des flatteurs, la vertu des amis.

Je m'entretenois avec lui des grands évènemens qui occupent l'Europe. — Voici quelques traits épars de ses conversations : vous sentez qu'en rapportant les opinions d'un ministre étranger, je ne prétends ni les approuver, ni les réfuter ; je remplis le rôle d'historien.

L'Italie conserve encore sa beauté, me disoit-il, mais elle n'a plus son antique gloire. Venise, dans les jours de sa grandeur, possédoit l'empire de la mer ; elle remplissoit la Grèce de ses colonies. Les petites cours de Mantoue et de Ferrare ont brillé un instant ; la maison de Médicis a donné à l'Europe le spectacle de simples particuliers que leurs vertus et leur magnificence ont élevé à la souveraineté dans leur patrie. Les arts refleurirent auprès d'eux. —

L'empire romain succomboit sous le poids de sa propre grandeur ; la monarchie spirituelle du pape lui succéda ; Rome, sans soldats et sans armes, gouvernoit encore le monde, par la force de l'opinion ; tout cela n'est plus : l'Italie ne présente que des débris et des matériaux pour des constructions nouvelles.

Il me disoit un jour, avec une émotion profonde : Quand on considère le noble usage que tant d'hommes illustres ont fait de la fortune, on est tenté de regarder les bienfaits dont elle les a comblés comme la récompense de la vertu ; on la confond avec la vertu même. Mais en observant les indignes choix qu'elle fait trop souvent, et les vils instrumens dont elle se sert, on ne voit plus en elle qu'une femme de qualité qui se prostitue à ses laquais.

J'ai lu votre Montesquieu, me disoit-il une autre fois ; j'ai médité sa division des pouvoirs, et son opinion sur l'influence des climats : ou ses principes sont faux, ou ils ont été mal interprêtés en France, dans les diverses applications qu'on en a fait ces années dernières ; puisque cet équilibre, qu'on se flattoit d'avoir trouvé d'après ses règles, a toujours été renversé par la force des choses ; comme un édifice d'une construction défectueuse s'écroule, malgré les étaies dont on l'environne.

Je sais qu'on se propose, ajoutoit-il, de nous donner le gouvernement français, avec les modifications qui seront jugées indispensables. Toutes les petites républiques d'Italie se sont empressées de modeler leur constitution sur la vôtre, comme on voit les particuliers s'efforcer de copier les mœurs des grands : mais c'est une erreur de croire que des lois qui sont bonnes dans un pays, le soient également dans tout autre. Ce sont des plantes qui dégénèrent, lorsqu'on les transporte dans un sol étranger. L'espèce la plus belle d'un arbre ne donne des fruits vigoureux que dans le terrain qui lui est propre. Les mêmes institutions n'auroient pas réussi dans Athênes comme à Sparte ;

celles qui convenoient à Memphis, n'auroient rien valu à Rome. Les lois sompfuaires qui ont fait fleurir quelques cantons de la Suisse, ne feroient de Londres qu'un désert.

Ces idées s'appliquent à la nouvelle constitution qu'on prépare à l'état de Naples. La difficulté n'est pas de la faire, mais de la consolider. Le problême à résoudre est celui-ci : allier l'intérêt public avec les passions particulières ; et les institutions politiques avec les convenances physiques et morales du pays, et avec celles qui dérivent du caractère des peuples voisins. Que l'on trouve les termes moyens entre ces deux extrêmes, il en résultera une proportion qui mène au vrai pacte social. Vous y arriverez peut-être en France, si la fortune conduit au gouvernement de s hommes qui sachent mettre à profit les erreurs de leurs prédécesseurs.

Dans l'espace de dix ans, me dit-il un soir, la république française a vécu trois siècles. — Elle ressemble, par sa force prodigieuse et sa taille colossale, à l'Hercule Farnèse. —

· L'institution des jurés est fort belle ; mais elle me sembleroit plus protectrice et plus humaine, s'ils n'étoient admis à délibérer qu'à la décharge des prévenus. Lorsque les preuves matérielles forment une présomption contre l'accusé, sans porter conviction, il est beau sans doute que la conscience des jurés vienne au secours de l'innocence, et défende la liberté et la vie des hommes contre l'inflexible sévérité des lois; mais dans le même cas, il me semble injuste qu'ils puissent désigner un coupable là où elles se taisent.

Un autre jour, il me faisoit remarquer la difficulté qu'on avoit eu, après les dernières guerres, à rétablir la balance de l'Europe. Le pacte de famille imaginé par monsieur de Choiseuil, me dit-il, et secondé par le prince de Kaunitz, a maintenu vingt ans la paix sur le continent. Il unissoit les puissances catholiques de la maison de Bourbon, la France, Parme, Naples et l'Espagne, avec la maison d'Autriche. Cette confédération devenoit nécessaire pour former un contre-poids à l'union des puissances protestantes du Nord. La France et l'Angleterre étoient à la tête de ces ligues respectives. Cette combinaison si féconde en résultats heureux, rendoit tous les autres peuples garans de la bonne harmonie qui devoit animer ces deux puissances, dont les dissentions particulières ont presque toujours enflammé le reste de l'Europe.

Telles sont les réflexions auxquelles se livroit le chevalier Médicis. Ces traits, quoique mal rendus, et jetés sans ordre, vous donneront une idée de son caractère.

P. S. Mettez-moi aux genoux de votre jeune et aimable sœur : savez-vous que j'en ai reçu la plus jolie lettre du monde ? Qu'elle me permette de mêler aussi une petite fleur dans sa guirlande.

Ses traits charmans sont ceux de l'amitié discrète ;
  Les Grâces, en riant, ont formé son esprit ;
  C'est Sévigné, quand elle écrit ;
  C'est Hébé, quand elle sourit ;
  C'est-elle encore à sa toilette.

LETTRE

AU CITOYEN D.....r.

Naples , le 2 floréal an 7.

Je me disois tous les jours D...... est un paresseux aimable, qui lit beaucoup, mais qui n'écrit guères ; comme je formois ces injustes reproches , on m'a remis une de vos lettres.

Vous vous adressez fort mal pour cette fois , en me demandant des détails sur les dames de Rome et de Naples. Quelques plaisanteries que vous fassiez , personne n'est moins en état de satisfaire votre curiosité que moi.

Les plus belles femmes de l'Italie sont celles de Rome ; mais les grâces ne viennent pas assez souvent dérider ces beautés imposantes et majestueuses. C'est le seul pays de l'Europe où les dames n'alloient point à la cour. Elles n'entroient point au Vatican : elles étoient quelquefois présentées au pape, dans la sacristie de Saint-Pierre. Elles obtenoient même la faveur de lui baiser les pieds : mais elles ne lui parloient qu'à genoux, en toute humilité. Le saint-père les recevoit avec moins d'éti-

quette dans ses jardins de Monte-Ca-
vallo ; elles étoient admises à des concerts ; il leur faisoit servir des bon-
bons et des confitures. Ces pontifes
augustes n'étoient point insensibles
aux louanges d'un sexe dont leur caractère sacré ne leur permettoit pas
de connoître les charmes ,.mais dont
la voix dangereuse sait encore at-
tendrir le cœur d'un vieillard sous la
pourpre et la triple couronne, à l'ombre même des autels.

Les dames de Naples sont d'un caractère plus vif et plus gai ; elles se
rapprochent des françaises.

Je ne sais si je vous ai parlé de madame P......a-P.....a , qui est jolie
comme un ange , et qui a été affligée à
quinze ans d'une maladie grave , dont
elle a presque perdu la vue. Elle porte
au cou une longue chaîne d'or , avec
une petite lorgnette enrichie de bril-

lans, qui descend sur sa poitrine.
Elle a le ton vif et décidé ; elle est
capricieuse , elle jure , elle a les mou-
vemens un peu brusques ; avec tout
cela , elle est aussi belle , aussi at-
trayante , aussi aimable qu'on puisse
l'être : c'est Vénus qui s'amuse quelquefois à se masquer en *lazaroni.*

Je vous remercie de vos conseils
aussi sages que bien écrits. Vous rai-
sonnez sur l'amour en bon épicurien ,
et en bon physicien ; je suis en tout de
votre avis ; mais quand on est à table,
au milieu des mets les plus exquis , il
est bien difficile de ne pas trop manger ;
quand on est au milieu d'un jardin de
roses, on les cueille sans compter. Voilà
quelquefois la position où l'on se trouve :
peu de Français en abusent. Vous ne
les verrez point , à la fleur de l'âge ,
venir traîner en France une décré-
pitude prématurée. Ne croyez pas ,
au reste, que nous soyons amollis par les

délices de Capoue ; rien en vérité n'est moins délicieux aujourd'hui que le séjour de cette ville.

Je n'approuve point du tout vos déclamations outrées contre l'usage des Sigysbées ; ce sont des argus sévères, qui veillent avec soin sur l'honneur des femmes des autres. Vous êtes étonné de cette complaisance des maris italiens, qui confient ainsi leurs tendres moitiés au zèle assidu de leurs amis. Mais réfléchissez, je vous supplie, que si, par cet accord admirable, chaque femme a deux maris ; chaque mari a aussi deux femmes, la sienne et celle de son voisin. Les Italiens prétendent que cette association raisonnée, dans laquelle l'amant et les deux époux se trouvent, placés tous trois à égales distances, forme géométriquement *il triangolo équilatero.*

Votre description du Palais-Royal

m'a fait rire ; elle est aussi juste que
piquante : cet endroit célèbre est
pour ainsi dire l'abrégé de tout Paris ;
c'est le point de réunion de tous les
étrangers ; c'est le centre du luxe, de
l'élégance, de tous les arts, de tous les
plaisirs, et peut-être de tous les vices.

Léger, profond, et savant ou frivole,
Chacun des arts a fixé son école
Dans ce palais qu'ils embellissent tous ;
Dans ce Palais dont Plutus est l'idole ;
Dans ce palais qui de mille filoux,
Fut en tout tems le plus sûr rendez-vous.
De ces frippons la cohorte légère,
Au ton modeste, a l'air flatteur et doux,
Couvrant ses pas des voiles du mystère,
Pour épier vos sentimens secrets,
Sait déguiser sous le zèle de plaire ,
Le but constant de ses nobles projets.
Tout ce vol bourdonnant d'insectes éphémères ,
Tout cet avide essaim d'avides émissaires ,
Au coin des lieux publics vont tendre leur filet,
Ils attirent toujours des sots au trébuchet ;
Comme on voit l'araignée en nos lambris cachée,
Aux frêles moucherons constamment attachée.

Mais

» Mais d'escrocs plus hardis , un bataillon grossier
» Investit vers le soir les murs de Montansier.
» Dans ce temple des arts , école de sagesse ,
» Où la raison s'explique en style familier ,
» J'aime à voir accourir notre aimable jeunesse,
Me disoit ce matin , plein de fiel et d'aigreur ,
Certain pédant jaloux , avec un ton railleur :
» La jeunesse a raison : j'approuve son ivresse ;
» Des bonnes mœurs du jour c'est l'asile après tout;
» C'est le *foyer* charmant des grâces et du goût ».

Mais vous qui critiquez avec tant de rudesse ,
En prêchant la décence et la délicatesse ,
Censeur , un vain courroux vient trop vous en-
   flammer :
Soyez juste une fois , et cesser de blâmer.
Quand ce jeune *Brunet* , ornement du théâtre ,
Charme par ses bons mots un parterre idolâtre ,
En vain vos traits jaloux iroient le déprimer ,
Son jeu vraiment comique a su nous désarmer.
 Qui n'aimeroit , folâtre *Caroline* ,
 Tes chants si doux , et ta gaîté badine ?
 O *Mengozzi* ! ta grâce noble et fine ,
 Ton bras d'albâtre et tes regards charmans,
 Savent toujours attirer mille amans.
 Et toutefois pendant ces courts momens ,
 Que la folie à Montansier destine ,
 Le tems léger , qui fuit et qui chemine ,

      K

Chasse l'ennui de son aile divine.

Là sont toujours de ces jeunes beautés ,
   Au doux minois , au tendre et doux langage ,
   Aux yeux fripons , aux attraits empruntés ,
Qui trompant avec art leurs amans enchantes ,
Savent des doux plaisirs multiplier l'image ;
Syrènes dont la voix et les charmes vantés .
Souvent dans des écueils ont attiré le sage.
J'ai tort : Il est charmant de faire un doux nau-
       frage
   Sur les genoux , entre les bras
D'une vive brunette au printems du bel âge ,
   Et d'effleurer le soir tous les appas
Qu'offre à ma main cette beauté volage.
Que d'Epictète alors on vante les rigueurs ,
Je ris lorsque j'entends tous ses froids sectateurs
Débiter à l'envi sa morale sauvage :
Malgré leurs vains discours, j'irai cueillir des fleurs
   Jusques au bord du noir rivage.

Vous ne jugerez pas avec trop de
sévérité quelques plaisanteries frivoles
échappées à la licence de l'armée.
Erasme passa-t-il pour un fou, quoiqu'il eût écrit l'éloge de la folie ? On
n'est pas regardé comme un menteur,

pour avoir fait des contes en vers.
On peut aussi vanter les charmes de
l'oisiveté et de l'amour, sans être Epicurien, et sans encourir votre disgrâce.

C'est pour vous seul, ami charmant,
Que je crayonnois ces folies :
Vous riez de quelques saillies
Qui font un scandale éclatant.
Qu'un censeur en soit mécontent ;
Chez vous, la raison qui s'allie
Au badinage, à l'enjoûment,
Aime mieux un peu d'agrément
Qu'une impertinente homélie.

F I N.

De l'Imprimerie de PORTHMANN, successeur du c.
Desenne, rue neuve des Petits-Champs, n°. 23.

ERRATA.

Page 4, ligne 2, *la familiarité du style*, lisez, *les inégalités de style.*

Page 94, ligne 18, *frère nacelle* : lisez, *frêle nacelle.*

Page 128, vers 14, *se briser tous les flots de l'orgueil abattu* : lisez, *se briser de l'orgueil tous les flots abattus.*

Page 130, ligne 24, *Mintio* : lisez, *Mincio.*

Page 145, vers 17, *et les grâces partout voyent leur frère banni* : lisez, *les grâces sont en deuil, et leur frère est banni.*

Page 157, ligne 12, *toujours armé* : lisez, *toujours aimé.*

Page 216, vers 18, *aux frêles moucherons constamment attachée* : lisez, *à son frêle réseau constamment attachée.*

www.ingramcontent.com/pod-product-compliance
Lightning Source LLC
Chambersburg PA
CBHW060027100426
42740CB00010B/1628